他们的家,去拜访

——课本里大人物的家

管苇 著

山东教育出版社

·济南·

图书在版编目（CIP）数据

去拜访，他们的家:课本里大人物的家/管苇著.
济南:山东教育出版社，2025.5.--ISBN 978-7-5701-
3660-5/01

Ⅰ．K878.2-49

中国国家版本馆 CIP 数据核字第 2025JX8282 号

责任编辑：李红　周易之
责任校对：刘园
装帧设计：42 工作室
美术编辑：闫姝

QU BAIFANG, TAMEN DE JIA ——KEBEN LI DARENWU DE JIA

去拜访，他们的家——课本里大人物的家　　　　　　　　管苇　著

主管单位：山东出版传媒股份有限公司
出版发行：山东教育出版社
　　　　　地址：济南市市中区二环南路 2066 号 4 区 1 号　　邮编：250003
　　　　　电话：（0531）82092660　　网址：www.sjs.com.cn
印　　刷：山东华立印务有限公司
版　　次：2025 年 5 月第 1 版
印　　次：2025 年 5 月第 2 次印刷
开　　本：710mm×1000mm　1/16
印　　张：10.5
字　　数：100 千
定　　价：35.00

（如印装质量有问题，请与印刷厂联系调换）印厂电话：0531－78860566

序

建筑是凝固的历史，镌刻着时间的印记。

家是心灵的城堡，承载着人生的喜怒哀乐。

我们在课本里读到过许多名人笔下自己的家，也由此产生出许多联想。

鲁迅说他的窗外"有两株树，一株是枣树，还有一株也是枣树"。这成了试卷上难解的问题。

当读到杜甫哀怨地吟出"八月秋高风怒号，卷我屋上三重茅"时，我们不由得为他屋漏之时又逢连夜雨而忧心。

朱自清的《荷塘月色》，让我们欣赏到了清华园的月光。

汪曾祺的《端午的鸭蛋》，让我们仿佛尝到了高邮冒油的鸭蛋黄。

从萧红的《祖父的园子》中，我们读到东北小镇上一对祖孙相互陪伴的浓浓亲情。

我们更是通过闻一多的《最后一次演讲》了解到，他是怀着怎样必死的决心走出家门，发出疾呼和呐喊的。

家，不只是一间房子、一座宅院，它蕴含着丰富而深刻的情感。

了解一位作家和他生活的寓所之间的故事，就仿佛见证了他的传奇人生。

走进他们的故居，让他们离我们的距离，比文字和图片更近。

站在他们曾经生活过的地方，似乎能听到历史的回声，感受到那个时代的风云变幻。

英国作家、艺术家约翰·罗斯金在《建筑的七盏明灯》里说过一句话："那些带有历史传说或记录着真实事件的老屋旧宅，比所有富丽堂皇却毫无意义的宅第更有保护和考察的价值。"

近些年，各地越来越重视名人故居的修复与重建，令许多有故事的老房子在经历了岁月的洗礼后重新"活"了过来，成为一座城市的人文名片和新晋"打卡地"，也肩负起传递重要历史研究价值和文化的使命。

"一个伟人去了。他的精神，他的往事，他的气质，他独有的人生内容，除去留在他的作品里，还无形和无声地散布在他生活过的空间里——这就是他的故居。"作家冯骥才说。那个活脱脱的"他"，依然可感和可知地留在他生活过的空间里，等待着你去感受、理解与发现。

看完本书，去亲自拜访他们吧！去曹雪芹的香山故居，探寻他那下半部《红楼梦》遗落在哪儿；去淄博蒲松龄的"聊斋"，与那些可爱的狐妖鬼怪谈天说地；还要去上虞的白马湖畔走一走，偶遇夏丏尊、朱自清、丰子恺、李叔同、蔡元培、叶圣陶、朱光潜……

你无约而至，他恰巧刚刚离开，桌上杯中的茶似尚有余温。

那就和他门前迎风的花木坐一坐吧。有客自远方来，欢迎之至。

目录

鲁迅 >>>

1881—1936

　　鲁迅，原名周树人，字豫才。浙江绍兴人。中国著名文学家、思想家、革命家、教育家、民主战士，新文化运动的重要参与者，中国现代文学的奠基人之一。著有《呐喊》《彷徨》《野草》《朝花夕拾》《故事新编》等，影响广泛深远。他对五四运动以后的中国社会思想文化发展具有重大影响，蜚声世界文坛，尤其在韩国、日本的思想文化领域有极其重要的地位和影响，被誉为"20世纪东亚文化地图上占最大领土的作家"。

　　鲁迅的多篇作品入选中小学语文教材，包括《从百草园到三味书屋》《藤野先生》《少年闰土》《孔乙己》《社戏》《论雷峰塔的倒掉》《论"费厄泼赖"应该缓行》《记念刘和珍君》《文学和出汗》《"友邦惊诧"论》《为了忘却的记念》等。

鲁迅绍兴故居

—— 从百草园到三味书屋

"我家的后面有一个很大的园，相传叫作百草园……那时却是我的乐园。"很多学生都是从这篇课文开始认识鲁迅的。鲁迅是我国著名的文学家、思想家、革命家、教育家，但我们在读这篇课文时，只感受到他是一个和我们同样贪玩的、爱听故事的、上课曾迟到的少年。

故居地点：浙江省绍兴市越城区鲁迅中路241号
主要居住时间：1881年——1898年

鲁迅原名周樟寿，出生于浙江绍兴的一个封建传统大家族——覆盆桥周氏。清乾隆十九年，周家七世祖周绍鹏买下了绍兴城内覆盆桥赵氏住宅，经过大规模的改建，成为颇具规模的台门宅院，称为周家老台门。当地人把有身份，或具有一定规模、封闭独立的院落称为"台门"。周家人财两旺，逐渐扩展出过桥台门和新台门两处宅院。新台门前后六进，房屋八十余间，鲁迅家住在其中西侧。

　　穿过重重的深宅大院，就到了后院的百草园，这是周家人共用的一处园子。鲁迅和小伙伴们在这里自由自在地玩耍，摘桑葚和覆盆子，捉蟋蟀、玩斑蝥，夏天在树荫下纳凉听蝉鸣，冬天就在雪地上捉鸟雀。百草园给鲁迅留下许多童年的美好记忆，也给我们留下了一篇需要背诵的课文《从百草园到三味书屋》。

　　在百草园玩耍的时间是有限的，读书人家的子弟首先要做的就是读书。鲁迅七岁入本宅家塾，堂叔祖周玉田为他开蒙，教他描红，叔祖教学一丝不苟。祖父周福清主张孩子应该首先获得一点历史知识，让他读《鉴略》。鲁迅九岁时，祖父从北京寄回《诗韵释音》《唐宋诗醇》两部书，让他学诗，之后又读《论语》《孟子》。

　　十二岁时，鲁迅被送入三味书屋。三味书屋与周家老台门隔河相望，走过去不过片刻。三味书屋的老先生寿镜吾是越中宿儒，治学严谨。鲁迅称他是"极方正，质朴，博学的人"。从十二岁至十六岁，鲁迅一直跟着他读"四书""五经"、《尔雅》《周礼》《仪礼》等典籍。鲁迅的求知欲很强，除学习传统儒家典籍外，还广泛涉猎《尔雅音图》《癸巳类稿》《诗画舫》《红楼梦》《水浒传》《儒林外史》等课外书。三味书屋的学习生涯使鲁迅受益匪浅，他在此积累了丰富的文化知识，为日后从事文学创作打下了坚实的基础。

十三岁是鲁迅生活的分水岭，那一年，祖父因科举舞弊案获罪，父亲周伯宜受到牵连，后久病不治而逝，家境由小康陷入困顿。此时的周氏大家族，因受太平天国的冲击，以及族人不思进取，家族经济每况愈下。家庭的重担落到了身为长子的鲁迅肩上，可他也才是名十几岁的少年而已。这段时间，鲁迅尝到了人间冷暖，看尽了世人的白眼，他在多篇文章中提到过这段岁月。

在名篇《呐喊自序》中，鲁迅写道："我从一倍高的柜台外送上衣服或首饰去，在侮蔑里接了钱，再到一样高的柜台上给我久病的父亲去买药。""有谁从小康人家而坠入困顿的么，我以为在这途路中，大概可以看见世人的真面目。"家族甚至开会分房，将又小又差的房子分给他们孤儿寡母，让鲁迅倍感世态炎凉。

十七岁时，母亲鲁瑞给鲁迅凑了八块银圆的路费，送他去南京求学，并对他说："你自己保重吧。以后的路就得你自己走了！"1898 年 4 月，鲁迅离开绍兴，入读江南水师学堂。

江南水师学堂是新式学校，且有朝廷的助学制度，鲁迅叔祖周椒生在水师学堂做官。然而举人出身、思想守旧的周椒生对洋务学堂极为蔑视，认为本族的后辈不走光宗耀祖的正路，而跑到这里来准备当一名摇旗呐喊的水兵，实在有失"名门"之雅。他觉得鲁迅不宜再用家谱中的名字，遂将其本名"樟寿"改为"树人"。半年后，鲁迅离开江南水师学堂，回到家乡参加县考，中榜之后却没有继续参加府考。他摒弃了传统的科举，要走一条属于自己的路。

故乡离鲁迅越来越遥远，渐渐地，只存在于他的文章中了。1919年，鲁迅最后一次回到绍兴，他将祖屋卖掉，举家搬迁居北京。

鲁迅当年常走的那条路，于百年后被称为鲁迅路。读着他的课文长大的人们，沿着这条路去拜访鲁迅先生写进课本里的家。青石板路缓缓向前延伸，一路行过周家老台门，再步入周家新台门里的鲁迅故居。童年的鲁迅在这里听祖母给他讲"猫是老虎的先生"，讲"白蛇娘娘"，看长妈妈给他买的《山海经》。

再往里走，豁然开朗处就是百草园，这里满眼的绿，高大的皂荚树和光滑的石井栏跟百年前并无二致。这里不仅是鲁迅先生童年记忆中的一片乐土，更是他文学创作的不竭源泉。他在这里汲取了大自然的精髓，激发了无限的创作灵感，并将其化作美妙的文字，拨动无数读者的心弦。

出门过桥，就到了三味书屋，那张刻着"早"字的书桌依然静静地摆在那里。那幅肥鹿卧古树的画，几经周折，又挂回原处。在这条街上，能看到很多鲁迅先生笔下的人和物：咸亨老店和孔乙己，《我的第一个师傅》里的长庆寺，以及《阿Q正传》里的土谷祠。

漫步于鲁迅路，诸多的建筑、图文资料都在诉说鲁迅的故事，传递鲁迅的精神。在这里，人们似乎与鲁迅先生进行了一场超越时空的心灵对话，感受他那不朽的文学魅力和深远的思想影响。

鲁迅北京故居

—— 看得到枣树的"老虎尾巴"

"在我的后园，可以看见墙外有两株树，一株是枣树，还有一株也是枣树。"鲁迅在散文诗《秋夜》的开头，描写了他家中后园的景色。这个家就是他在北京西城区宫门口三条的家。

自从 1912 年 5 月到达北京后，鲁迅曾先后住过四个地方，宫门口三条的家是他在北京最后的居所。

1923 年，鲁迅购买了这处住宅。这是一个三开间的小四合院，占地面积约 400 平方米，北房三间，南房三间，东西厢房各两间。鲁迅亲自绘制设计图进行改建，于 1924 年 5 月改建完成，鲁迅和家人正式入住。

绍兴老家有一个百草园，北京新居却只有一个小院子，但鲁迅欣欣然种了很多棵树。他当年的日记中曾有记录："云

全国重点文物保护单位
北京鲁迅旧居
中华人民共和国国务院
二零零六年五月二十五日公布
北京市文物局二零零六年六月立

故居地点：北京市西城区阜成门内大街宫门口三条 21 号
主要居住时间：1924 年—1926 年

松阁来种树，计紫、白丁香各二，碧桃一，花椒、刺梅、榆梅各二，青杨三。"

正房接出一间，作鲁迅的工作室兼卧室，他戏称其为"老虎尾巴"。北窗镶着大玻璃，视野很好，从这扇窗子望去，就能看到《秋夜》中的一株枣树和另一株枣树。关于凭窗的风景和感受，许广平曾写道："觉得熄灭了通红的灯光，坐在那间一面满镶玻璃的室中时，是时而听雨声的淅沥，时而窥月光的清幽，当枣树发叶结实的时候，则领略它微风振枝，熟果坠地，还有鸡声喔喔，四时不绝。"

在此期间，鲁迅在黎明中学、大中公学和中国大学兼课的同时，依然保持着高质量的文学创作，他在"老虎尾巴"这间不足十平方米的斗室中，写下了《华盖集》《华盖集续编》《坟》《野草》《彷徨》等不朽作品，印行了《中国小说史略》等著作，同时还主持编辑《语丝》《莽原》等周刊杂志。

1926 年，由于在女师大风潮、"三·一八"惨案中坚决支持进步学生运动，鲁迅被北洋军阀段祺瑞政府通缉，不得不离家，先后到锦什坊街、旧刑部街和东交民巷避难，语文课本选入的《记念刘和珍君》就是他在旧刑部街的山本医院里完成的。

为了摆脱困境，同时怀着对南方革命的向往，鲁迅和许广平一起南下，

到厦门执教，四个月后转去广州。他的母亲鲁瑞和原配夫人朱安依旧住在宫门口三条处。1929 年 5 月、1932 年 11 月，鲁迅两次从上海回北京探亲，都住在这里。

鲁迅很喜欢北京。1934 年在致杨霁云的信中，鲁迅写道："中国乡村和小城市，现在恐无可去之处，我还是喜欢北平，单是那一个图书馆，就可以给我许多便利。"去世前几个月，鲁迅在给颜黎民的信中表达了对北京的思念："很喜欢北平。现在走开了十年，也想去看看。"

鲁迅的这处故居得到了很好的保护，于 1949 年 10 月 19 日正式对外开放。1956 年 10 月 19 日，在故居基础上建成的北京鲁迅博物馆正式对外开放。展馆部分的面积约为 13000 平方米，分为地面和地下两层，共收集了 3 万余件珍贵的文物，包括鲁迅在仙台学医时的解剖学笔记、《阿 Q 正传》唯一的一篇残稿、鲁迅收藏的藏书和拓片等。

这里不仅见证了鲁迅先生的文学成就，更再现了中国近现代历史的变迁，是一部活着的历史画卷，让人不禁为这位文学巨匠的卓越贡献肃然起敬。

03

鲁迅广州故居

—— 读书与革命的地方

广州市白云路上有一座白云楼，鲁迅曾在这里居住了九个月，时间虽短，却是他一生中的重要时期。

故居地点：广东省广州市越秀区白云路7号
居住时间：1927年3月29日—9月27日

　　1927 年 1 月 18 日，鲁迅接受中山大学的聘请，来到广州。2 月 10 日起，鲁迅任中山大学文学系主任兼管教务工作，给学生讲授《文艺论》《中国文学史》和《中国小说史》等课程。初到广州，他暂住在中山大学的钟楼里（今鲁迅纪念馆）。两个月后，他和许广平及好友许寿裳租住了白云楼西段第一道门二楼的一厅三房。鲁迅与许寿裳各住一房，许广平与女工合住一房。这样安排是因为鲁迅先生希望在学校有一间房子，作为备课和会客之用，同时在外面找一个合适的住处，作为创作之用。

　　白云楼是一座钢筋混凝土结构的三层楼房，坐北朝南，外立面呈西式风格。房屋平面呈梯形，楼下有螺旋式楼梯。它西靠东濠涌，临近珠江。这里的环境并不好，鲁迅在《而已集·小杂感》中这样描写白云楼周围的环境："楼下一个男人病得要死，那间隔壁的一家唱着留声机；对面是弄孩子。楼上有两人狂笑；还有打牌声。河中的船上有女人哭着她死去的母亲。人类的悲欢并不相通，我只觉得他们吵闹……"

　　在广州的这段时间，鲁迅做了很多次演讲，包括《无声之中国》《黄花节的杂感》《革命时代的文学》等，反复宣传五四文学革命的基本思想，希望青年们积极响应新文学运动。为了活跃广州的进步文化生活，鲁迅与孙伏园在芳草街租房，设立"北新书屋"，向青年输送进步思想文化读物。

　　同年 4 月 15 日，国民党在广州发动了"四·一五"反革命政变，大批革命青年被逮捕、屠杀，中山大学也有学生被捕，其中包括鲁迅的爱徒毕磊。鲁迅得知情况后，立即设法营救被逮捕的学生。在极力劝说校方出面保护学生无果后，他愤然辞去中山大学一切职务，以示强烈抗议，开始蛰居白云楼潜心写作。

　　那几个月，鲁迅伏案疾书，发表了小说《铸剑》（原题为《眉间尺》），编订了《朝花夕拾》《野草》两本名著，写下了《可恶罪》《小杂感》《庆祝沪宁克复的那一边》《略谈香港》等 43 篇富于战斗性的杂文和译文 10 篇、书信 180 封，校录了《唐宋传奇集》上下两册。其工作量之大、产量之高，让人叹为观止。

在广州期间，除了教书和写作，鲁迅也有普通人悠然自得的日子。他与朋友谈笑人生、观影购书、游走街巷、闲坐茶楼、品尝岭南佳果，与广东名人尤其是作家和文学家往来密切，彼此交流思想，为国民的文化思想改革作出了巨大的贡献。

鲁迅在广州度过了 8 个月零 9 天，于 9 月 27 日和许广平乘船离开广州，途经香港、汕头，于 10 月 3 日抵达上海。

鲁迅先生住过的白云楼今天仍保留着当年的原貌，整个房间布局和摆设简单朴实，摆在会客厅中的竹制椅子、螺旋式的破旧楼梯，显示出主人简朴的生活作风。

白云楼

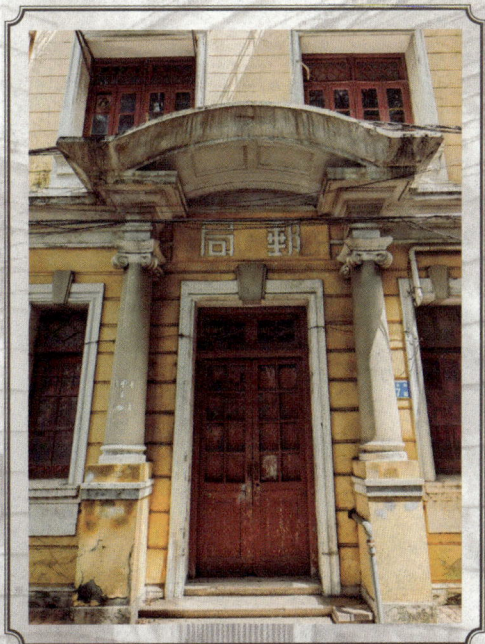

04

鲁迅上海故居

—— 最后的家

鲁迅的最后十年是在上海虹口度过的，其三个故居分别位于横浜路、多伦路和山阴路地区。1933年4月11日，鲁迅携妻儿迁入大陆新村9号。这是一幢红砖红瓦的三层楼建筑，于1931年落成，里面设施齐全，生活便利。底层围墙内有个6平方米的小庭院，鲁迅在这里亲手种植了桃树、紫荆花、夹竹桃等花木。

横浜路
多伦路
山阴路

故居地点：上海市虹口区山阴路132弄大陆新邨9号
居住时间：1933年—1936年

卧室兼工作室

底层有两间，前面一大间是会客室，后间是餐室。二楼前间是鲁迅的卧室兼工作室，糊着半透明彩花纸的南窗下摆放着他的书桌，上面放着笔墨纸砚和台灯，陶制的龟形笔插中插着名为"金不换"的毛笔。这"金不换"，就是他在"杀人如草不闻声"的黑暗时代的战斗武器。书桌旁有一张藤椅，是鲁迅先生坐着思

考、休息的地方。房间里窗边的日历和梳妆台上的时钟，永远停留在鲁迅离世时的日期和时刻——1936年10月19日早晨5时25分。二楼后间是储物室和卫生间。三楼前间是鲁迅与许广平的儿子周海婴与保姆的卧室，后间是客房。这间不足七平方米的小客房，曾住过瞿秋白、冯雪峰、萧红。

鲁迅在这里过上了较为安稳的生活，有朋友帮他打理生活上的事务，且不需要外出避难，因此，这段时间他创作颇丰，先后写作和编选了他的历史小说《故事新编》以及《伪自由书》《南腔北调集》《准风月谈》《花边文学》《且介亭杂文》等七本杂文集，翻译了《表》《死魂灵》《俄罗斯的童话》等四本外国文学作品，编印出版了《木刻纪程》《引玉集》《凯绥·珂勒惠支版画选集》等中外版画，还编校出版了瞿秋白的译文集《海上述林》上下卷。鲁迅在这里会见过茅盾、A·史沫特莱、内山完造等中外人士。

自从1928年生了一场大病后，肺结核与胸膜炎一直纠缠着他，渐渐地，连药物也不起作用了。鲁迅日渐消瘦，颧骨凸起，甚至牙龈都变了形。到1936年春天，鲁迅瘦得只剩下38公斤，一阵风似乎就能将他吹倒。1936年10月19日早晨5时25分，著名文学家、思想家、革命家、教育家、民主战士，新文化运动的重要参与者，中国现代文学的奠基人之一——鲁迅先生，因肺病医治无效，病逝于家中。

在三天公开吊唁中，前往瞻仰鲁迅先生遗容的民众多达万人，包括工人、学生、小贩、报童、人力车夫、学者。安葬时，上海工人、学生等各界人士五千余人自动为鲁迅先生送灵，宋庆龄、

北大校长蔡元培等人亲自为他扶棺。正如《中流》杂志上写的那样，鲁迅先生"垂老不变的青年的热情，到死不屈的战士的精神，将和他的精湛的著作永留人间"。

1951年1月7日，上海鲁迅纪念馆正式开放，敬爱的周恩来总理题写了馆名。这是新中国成立后第一座人物纪念馆，也是新中国成立后第一座名人纪念馆，包括鲁迅故居、鲁迅墓、鲁迅纪念馆三部分。纪念馆内藏品丰富，鲁迅的手稿、著作、藏书、生活用品等，总数超过8.7万件。几十年来，游人络绎不绝，人们以自己的方式纪念着他。诗人臧克家的《纪念鲁迅有感》一诗写出了人们对鲁迅的崇敬和怀念之情："有的人活着，他已经死了；有的人死了，他还活着……"

朱自清

>>>

1898—1948

　　朱自清，中国现代散文家、诗人、学者与民主战士。1916 年，他考入北京大学预科班。1919 年开始发表诗歌。他的散文《桨声灯影里的秦淮河》被誉为"白话美术文的模范"，1928 年出版第一本散文集《背影》，1932 年任清华大学中国文学系主任，1934 年出版《欧游杂记》和《伦敦杂记》，1936 年出版散文集《你我》，1948 年 8 月 12 日于北平病逝，年仅 50 岁。

　　在中小学语文课本中，收录了他的《春》《背影》《荷塘月色》《匆匆》《桨声灯影里的秦淮河》等作品。

05

朱自清扬州故居

—— 我总该算是扬州人的

　　"盼望着，盼望着，东风来了，春天的脚步近了。"朱自清是我国著名的散文家，他的这篇《春》以诗的笔调描绘了我国江南春天特有的景致。在江南水乡出生并长大的朱自清，对故乡有着深厚的情感。而扬州，更是朱自清魂牵梦绕的故里，在他的一生中，天南地北地住过许多地方，还曾在欧洲游学过一段时间，但他内心深处最不能忘怀的，始终是扬州。

　　他在《我是扬州人》一文中写道："我家跟扬州的关系，大概够得上古人说的'生于斯，死于斯，歌哭于斯'了。"

　　"生于斯"，朱自清幸福的童年和青少年时光是在扬州度过的。他说："在哪儿度过童年，就算哪儿是故乡。这样看，就只有扬州可以算是我的故乡了。"六岁那年，朱自清的父亲朱鸿钧偕全家从江苏东海搬到扬州，

故居地点：江苏省扬州市广陵区安乐巷 27 号
主要居住时间：1930 年—1946 年

全国重点文物保护单位
朱自清故居
1930～1946年
中华人民共和国国务院
二〇〇六年五月二十五日公布
江苏省人民政府立

自此，全家人在扬州扎下根来。朱自清在扬州读完了小学和中学，跟黄先生学英文，跟陈春台先生学数学，跟戴子秋先生学国文。名师出高徒，这些老师为朱自清打下了扎实的基础。十八岁时，朱自清考上了北京大学预科，从此就不常在扬州了。

"死于斯"，朱自清的祖父母、父母、原配夫人武钟谦、二女儿、幼子六儿，都长眠于扬州。朱自清少年时与扬州名医武威三的女儿武钟谦订婚，在他考上北大的那年冬天，家里为他们完了婚。他赴北京求学，她则在扬州等候。经过十三年的聚少离多后，二十九岁的武钟谦死于扬州，朱自清含泪写下《给亡妇》纪念发妻。

"歌哭于斯"，扬州于朱自清如絮絮的春雨般，写也写不尽。《我是扬州人》《扬州的夏日》《说扬州》都是他以扬州为题的著名散文。他对扬州的景色了如指掌："扬州的夏日，好处大半便在水上……下船的地方便是护城河，曼衍开去，曲曲折折，直到平山堂……沿河最著名的风景是小金山，法海寺，五亭桥；最远的便是平山堂了。"

他对扬州的美食如数家珍："扬州是吃得好的地方。这个保你没错儿。北平寻常提到江苏菜，总想着是甜甜腻腻的。倘若有相当的假期，邀上两三个人去寻幽访古倒有意思；自然，得带点花生米、五香牛肉、白酒。"

他对扬州人又爱又恨，"我有些讨厌扬州人；我讨厌扬州人的小气和虚气……而扬州人似乎太聪明"。然而，说一千道一万，朱自清又把话说了回来，"扬州好也罢，歹也罢，我总该算是扬州人的"。

顺着曲折的小巷子来到广陵区安乐巷 27 号，便是朱自清位于扬州的故居。这座民居始建于清代，属于扬州典型的"三合院"

建筑，是朱自清和家人在扬州最后居住的地方，也是居住时间最长的一处居所。从门楼往里看去，薄砖细瓦构建的门厅、厢房，天井里条石镶边、青砖铺地、青苔接缝，六扇古色古香的雕花屏门显得古朴庄重。红木清漆打造的窗栏、案几、条桌、柜橱、大床，生动地再现了当年朱家人的生活场景。

故居的第二进是序厅和展厅。序厅中央是一尊朱自清的坐像。展厅里展出的是《永远的朱自清——朱自清生平展》，用史料呈现了朱自清少年时期的扬州记忆、青年时期的文学成就、中年时期的家国情怀，全面地介绍了朱自清的一生。

傲骨仰千秋，平心做学问。朱自清一生清贫，没有留下什么物质遗产，却把他的经典名篇、学术风范、师德师品留给了后人。

06

朱自清台州故居

—— 对于台州，我永远不能忘记

朱自清第一天到台州时，正是春天。

然而，或许是因为初春薄阴的天气，或许是因为他忧郁的心情，又或者是旅途的劳顿，台州给他的第一印象是太冷、太静，"使我宛然如入了秋之国土。"直到他看到了前面青翠的山时，心情突然好了起来。后来，他实实在在地爱上了台州："我不忘台州的山水，台州的紫藤花，台州的春日。"

故居地点：浙江省临海市古城街道北山路112号
居住时间：1922年下半学期开始至1923年初学期结束

朱自清纪念馆

台州是朱自清人生中的一个小站，他曾前后两次前往台州。1922年2月，二十四岁的朱自清受浙江省立第六师范学校（现台州初级中学）校长郑鹤春邀请，来到台州临海教书。学校安排他住在宿舍里，条件十分艰苦，"柱子如鸡骨，地板如鸡皮"。房子虽简陋，但庭院中有美丽的紫藤花。他在《一封信》中深情地写道："在那样朴陋——现在大概不那样朴陋了吧——的房子里，庭院中，竟有那样雄伟，那样繁华的紫藤花，真令我十二分惊诧！她的雄伟与繁华遮住了那朴陋，使人一对照，反觉朴陋倒是不可少似的，使人幻想'美好的昔日'！"那花真好看，以至于他离开台州后，一直惦记着，因为他再没见过那样好的紫藤花了。

由于"六师"的师资力量不足，朱自清除担任校图书室主任兼文牍（文书）外，还教授哲学、社会学、国文、国语、科学概论、公民常识、西洋文学史等课程，可谓"文史通才"。"六师"的学生们都很欢迎他。

到了4月下旬，朱自清要暂时前往杭州的"省一师"。他与"六师"学子们约定："暑假后一定回台州来。"暑假过后，朱自清果然回来了，还带来了妻子武钟谦、长子九儿（朱迈先）、长女阿毛（朱采芷）。一家四口租住了旧仓头杨家的房子——一座临街的二层小楼，现在这里为临海市文保单位，因为这栋房子原是辛亥革命时期杨哲商烈士的故居。朱自清和家人在这里生活了半年，冬天虽冷，但有家人的陪伴，他的心里却是温暖的。

房子里有一张红漆的、一丈光景长而狭的画桌，朱自清将它放置在楼上的窗前，在上面读书写作，迎来了他的一个创作小高峰。脍炙人口的《匆匆》一文就是他来台州第二个月完成的，其成为广为传诵的散文名篇。

1922年的暑假，朱自清开始创作长诗《毁灭》，9月返回台州"六师"后，继续挥笔，借"六师"学生的鼓励和誊抄助力，中国新文学史上具有里程碑意义的长诗《毁灭》终于问世。这首《毁灭》是五四时期著名的抒情长诗，历来被文学史家们公认为"五四以来无论在意境上，还是技巧上都超过当时水平的力作"。

此外，朱自清在台州期间还创作了《笑声》《灯光》《独自》等新诗。《侮辱》是他在离开台州的船上所作，《宴罢》是记忆中台州的一个场景所引发的感触。这段时间，他还完成了《短诗与长诗》《读〈湖畔〉诗集》《中等学校的学生生活》《离婚问题和将来的人生》《父母的责任》等论著，并为其小说《笑的历史》准备了素材。

在台州的八个月里，朱自清先生据一方书桌，挥毫泼墨，写下了洋洋万言，在中国现代文学史上留下了浓墨重彩的一笔。后来，他在文章中深情地写道："我对于台州，永远不能忘记！"

"我对于台州，永远不能忘记！"

07

他们的家，去拜访，

朱自清温州故居

—— 温州的踪迹

在温州高楼群起的四营堂巷，有一处青砖黛瓦、檐牙高啄的旧式小院，独守着一份"结庐在人境，而无车马喧"的宁静。小院大门上方悬挂着当代著名作家王蒙题写的"朱自清旧居"牌匾。这座建筑为温州传统合院式木构建筑，五间三进，极具晚清和民国时期的江南建筑特色。1923年，朱自清受邀来到温州，在浙江省第十中学（温州中学的前身）和省立第十师范学校任教。执教期间，他与家人居住于此。

故居地点：浙江省温州市鹿城区四营堂巷34号
居住时间：1923年—1924年

朱自清在温州中学教授国文课、公民和科学概论。他发现，当时的温州虽受过五四运动的影响，但整个社会风气比较老派。于是，他鼓励学生们多读、多写白话文，让学生的思想和文笔得到解放。这一举动打破了文言文独霸语文课堂的局面，在当时引起轰动，影响深远。

朱自清受邀为"十中"撰写了校歌歌词："雁山云影，瓯海潮淙。看钟灵毓秀，桃李葱茏。怀籀（zhòu）亭边勤讲诵，中山精舍坐春风。英奇匡国，作圣启蒙。上下古今一冶，东西学艺攸同。"其中"英奇匡国，作圣启蒙"一句，被温州中学引为校训。

对温州的山水人物，朱自清始终怀着一种特殊的情感，并将其诉诸笔端。《温州的踪迹》是他的一组散文，记录了温州的山水风光和民风民情。其中，第二篇《绿》成为我国的散文名篇之一，被选入教科书。而被誉为"白话美文的模范"的《桨声灯影里的秦淮河》也是他在温州构思完成的。1923 年暑假，朱自清回江苏探望老父，随后同俞平伯泛舟秦淮河，八月底回到温州，与俞平伯分别写下了同名散文。此外，他在温州还写了《旅行杂记》《父母的责任》《香》等名篇。

温州这块热土给予朱自清无数的创作灵感，他在这里逐步完成了从诗人到散文家的初步转型。这一时期的朱自清重新审视散文的价值，他认为散文自由奔放，可以清晰畅快地表达所思所想、所爱所恨，面向大众，雅俗共赏。

在那个战火纷飞的年代，在江南流离转徙的岁月里，朱自清在温州只短短停留了一年多的时光，就不得不前往浙江。虽然此后再没有机会回到温州，但他对温州念念不忘。我们在他后来的作品《一封信》《我的南方》和《欧游杂记·序》里都能寻到这种情感踪迹，正如后来他在给马公愚的信中说："温州之山清水秀，人物隽永，均为弟所心系。"

如今，朱自清温州旧居的陈列是目前国内关于朱自清人物专题规模最大、内容最丰富的陈列之一，室内陈列着朱自清童年与少年、大学时代、执教南方、在清华任教、辗转西南、重返北平六个时期的生平经历图文资料。另外，在梅雨潭旁边，当地人建造了一座"自清亭"，以纪念这位了不起的文学家。

08

朱自清北京故居

—— 大师云集的地方

北京，对于朱自清来说是座非常重要的城市。1916 年，十八岁的朱自清考入北京大学预科，二十一岁完成了北京大学哲学系的学业。毕业后，他回到南方，先后在杭州、扬州、上海、台州、温州、宁波等地的学校执教。1925 年秋，他重返北京，到清华大学国文系任教，并住进了清华园。

故居地点：北京市海淀区双清路 30 号。在清华园，朱自清先后住过古月堂 6 号、西院 16 号、南院 18 号、北院 10 号、北院 9 号
居住时间：1925 年—1948 年

在清华二校门附近，有一片清幽的青灰色院落，里面有超市、银行、邮局等各种公共设施，为清华的师生们提供服务。百年前，这片灰色的老房子被称为"南院"，始建于1921年。1934年，"南院"的南边又盖了一片新的教授住宅区，称为"新南院"。抗战胜利后，朱自清提议，取其谐音，将两个院子定名为"照澜院"和"新林院"。

照澜院由10栋西式丹顶洋房和10所中式四合院组成，居住者集中了当时中国人文科学界的泰斗级大师，可谓群星闪耀。

照澜院1号——赵元任故居。他是中国现代语言学和现代音乐学先驱。

照澜院2号——陈寅恪故居。他是中国现代最负盛名的历史学家、古典文学研究家、语言学家。

照澜院3号——赵忠尧故居。他是中国科学院院士，中国核物理研究的开拓者，中国核事业的先驱之一。

照澜院4号——张光斗故居。他是中国科学院院士、中国工程院院士，曾任清华大学副校长。

照澜院5号——梅贻琦故居。他被誉为清华的"终身校长"。曾任西南联合大学校务委员会主席、中华民国教育部部长。

照澜院6号——马约翰故居。他是著名体育教育家，1954年起任中国田径协会主席，中华全国体育总会副主席、主席。

照澜院7号——张子高故居。他是著名化学家，清华大学教授、副校长。

照澜院8号——俞平伯故居。他是现代诗人、作家、红学家，与胡适并称"新红学派"的创始人。

照澜院9号——张申府故居。他是哲学家、数学家，中国共产党主要创始人之一。

照澜院10号——袁复礼故居。他是地质学家、地质教育家。

照澜院13号——钱伟长故居。他是中国近代力学之父，杰出的社会活动家，中国民主同盟的卓越领导人。曾任清华大学副校长、全国政协副主席。

照澜院 16 号——王国维故居。他是中国近现代在文学、美学、史学、哲学、古文字学、考古学等各方面成就卓著的学术巨子、国学大师。

照澜院 17 号——冯友兰故居。他是哲学家，曾任清华大学校务会议主席，被誉为"现代新儒家"。

照澜院 18 号——朱自清故居。他曾任清华大学中文系主任。

来到清华大学任教的朱自清，在繁忙的教学教务工作之余，继续创作。回想着和父亲分别的时刻，他写下了《背影》；心情颇不平静，踏着月光去散步后，他写下了每个中国学生都要背诵的《荷塘月色》。平时空闲了，他也会去逛逛吃吃，于是，我们读到了《潭柘寺 戒台寺》《松堂游记》。从他的《清华的一日》中，我们了解到他在清华大学工作、生活的日常。

在北京住久了，朱自清越来越爱这里。1930 年，他回南方老家，有刊物向他约稿，请他写一篇《南行通信》。哪想，他竟在文章里深情地向北平表白："北平实在是意想中国唯一的好地方。"他列出三条理由，来论证自己的观点：北平第一好在大，第二好在深，第三好在闲。"北平已成了我精神上的家，没有走就想着回来。"

清华园的照澜院承载着百年清华厚重的历史文化，驻留着一个时代的记忆。如果你有机会去清华园参观，一定要去拜访这里，与大师们隔空相会。

清华大学近春园的朱自清石像

27

茅盾 >>>

1896—1981

　　茅盾，原名沈德鸿，字雁冰，生于浙江桐乡乌镇，中国现代著名作家、文学评论家、文化活动家以及社会活动家，五四新文化运动先驱者之一，中国革命文艺奠基人之一。1913年他考入北京大学预科，1916年进入上海商务印书馆编译所工作。1920年开始文学活动，与郑振铎等人组织文学研究会。曾任第一任文化部部长。代表作有《子夜》《霜叶红似二月花》《春蚕》等。

　　中小学语文课本中收录了他的《天窗》《白杨礼赞》《第比利斯的地下印刷所》等作品。

09

茅盾桐乡故居

—— 可爱的故乡

　　桐乡市乌镇应家桥有一座修真观，观前有一条青石板铺成的街，叫作观前街。观前街 17 号是一幢临街四开间两进的木构架楼房，分东西两个单元，中间有一个小天井。清光绪二十二年（1896 年）7 月 4 日，沈家的长房长曾孙沈德鸿诞生于这间临街的屋子里，他就是日后中国文坛大名鼎鼎的文豪茅盾。

　　故居地点：浙江省桐乡市乌镇观前街 17 号
　　主要居住时间：1896 年—1910 年，1932 年—1936 年期间多次返回

茅盾的父亲沈永锡是清末的秀才，通晓中医，是个具有开明思想的维新派人物，颇重视新学，除声、光、化、电和数学等自然科学外，也喜欢传播进步思潮的社会科学著作。母亲陈爱珠是一位通文理、有远见且性格坚强的妇女。茅盾十岁丧父，童年时代，他接受了母亲所教的文学、地理和历史知识。茅盾曾说："我的第一个启蒙老师是我母亲。"

茅盾的启蒙教育开始较早，小学前便读过家塾、私塾。幼年时，他和几个堂兄弟在家里读书，祖父沈恩培亲自为他们授课。茅盾对小时候学习的事记得很清楚，他在《我走过的道路·学生时代》里记录了这段岁月："祖父嫌教家塾是个负担，我七岁那年，他就把这教家塾的担子推给了我父亲。父亲那时虽然有低烧，但尚未病倒，他就一边行医，一边教这家塾。我也就因此进了家塾，由我父亲亲自教我。我的几个小叔子仍用旧学老

有志竟成

课本，而我则继续学我的新学。父亲对我十分严格，每天亲自节录课本中四句要我读熟。他说：'慢慢地加上去，到一天十句为止。'"

八岁那年，茅盾入乌镇立志小学读书，1904年至1906年冬，茅盾完成了三年的初等小学生涯。他在自传中曾写道："学校就在我家隔壁，上下课的铃声听得很清楚，我听到铃声再跑去上课也来得及。"之后，茅盾转入植材高级小学，成为该校第一班学生。

中学时，他不仅读到了国文、修身和算术教科书，还对绘画产生了兴趣。那时，在一般守旧人的眼光里，小说这类"闲书"是不准孩子看的，但茅盾竟得到明达的父母的允许。《西游记》《三国演义》《水浒传》《聊斋志异》和《儒林外史》等，都是他爱读的书。从茅盾小学时代留存的作文中得见，他当时便流露出忧国忧民、扶正祛邪的想法。

1910年春，茅盾前往浙江湖州第三中学堂读书，从此离开了老家。1932年，"一·二八"事变乌云未散，茅盾从上海返回乌镇，此时，他已经发表了《子夜》《春蚕》和《林家铺子》。他用《子夜》的稿费，将家中后面的三间平房重新翻修成书斋，亲自设计草图，上筑天花板，下铺地板，南北两壁均装设西式玻璃长窗，窗明几净，环境幽静。

此后几年，他数度在这里写作、读书。1935年秋，他在这里完成了中篇小说《多角关系》。1936年之后，茅盾就再没有踏上故土，即便是他深爱的母亲过世，他也因为局势所困未能回乡奔丧。

后来，茅盾一直想回故乡看看，可总未能成行。1980年5月25日，已经八十四岁高龄的他在《浙江日报》上发表了《可爱的故乡》一文，他说："漫长的岁月和迢迢千里的远隔，从未遮断过我的乡思。"我们从他早期的作品里，也能看到他对故乡的思念。故乡的一草一木，故乡的人和事，都成为他创作时最生动的素材。短篇小说《春蚕》《秋收》《林家铺子》，散文《故乡杂记》《香市》，都寄托着茅盾的乡愁。

　　如今的茅盾故居，再现了他童年时代的原貌，其中，家塾、客堂、厨房、祖父母和父母的卧室，都是按照当时的样子布置的。里面存放了大量茅盾珍贵的书刊、照片、信件、题字等，其中包括茅盾十三岁时写的作文和临终前最后的墨宝——"乌镇电影院"，成为他留给故乡最后的礼物。

10

茅盾上海故居

—— 往来有芳邻

　　如果你去鲁迅位于上海的故居参观，别忘了去他的邻居茅盾家拜访。1946年5月，茅盾搬到上海市虹口区山阴路大陆新村132弄6号，与住在9号的好友鲁迅成了邻居。值得一提的是，这并不是两人第一次做邻居，早在1927年，在上海景云里，两人就做过一次邻居。正可谓"谈笑有鸿儒，往来有芳邻"，两人时常互相拜访，成为中国文学圈里的一对忘年交。茅盾与鲁迅都曾是那个黑暗又混乱的时代中熠熠生辉的璀璨明珠，都曾用他们特有的光辉引领着几代人的精神追求。

　　茅盾在这期间从事进步文化活动，为报刊写杂文、文艺评论，翻译作品。1946年12月初，茅盾偕夫人孔德沚应苏联对外文化协会（VOKS）的邀请，去苏联观光考察4个月，1947年4月回到上海。之后，茅盾写出了《苏联见闻录》和《杂谈苏联》两部作品。曾被编入语文教材的《第比利斯的地下印刷所》就选自茅盾的《苏联见闻录》。

故居地点：上海市虹口区山阴路大陆新村132弄6号
主要居住时间：1946年5月—1947年12月

茅盾北京故居

—— 万里江山一放歌

茅盾位于北京的故居是一座两进的四合院，占地面积 878 平方米，分前后两进院落，共有大小房间 22 间。一进大门，首先看到的是内侧影壁上嵌着邓颖超书写的"茅盾故居"的黑底金字大理石横匾，影壁前有一口荷花缸。绕过影壁进入前院，院子里矗立着汉白玉材质的茅盾半身雕像，置于一尊黑色大理石基座上。院子正中央搭着的葡萄廊架上，挂着茅盾为孙女玩耍做的秋千。

故居地点：北京市东城区后圆恩寺胡同 13 号
主要居住时间：1974 年—1981 年

北京市文物保护单位
茅盾故居
北京市人民政府一九八四年五月二十四日公布
北京市文物事业管理局一九八四年九月立

　　前院的北房原是茅盾的工作室兼卧室，西厢房是会客室和藏书房。这里是茅盾晚年生活、工作的主要场所，他在这里写作、阅览，接待国内外的友人。故居的书房内有写字台、沙发，茶几上堆放着他写作时备查的旧期刊、平时收集的剪报资料以及晚年阅读过的书籍等。茅盾晚年身体不太好，需要长期服药，一旁的桌子上摆满了各种药瓶。

　　茅盾在这里度过了生命最后七年的时光，完成了他最后的作品——回忆录《我走过的道路》。那时候，他的身体已经极其不好，有严重的肺气肿，一只眼睛接近失明。直至1981年去世时，茅盾已完成的手稿有40万字，回忆录记叙了1934年之前的过往生活。1934年之后的部分，由茅盾的儿子、儿媳根据他的录音整理完成。

　　1981年3月27日，茅盾在北京逝世。弥留之际，他自知病将不起，将稿费25万元捐出，设立"茅盾文学奖"，以鼓励中国长篇小说的创作。根据茅盾遗愿、为推动中国文学繁荣而设立的这一奖项，已成为中国长篇小说的最高奖项之一，也是中国最高荣誉的文学奖项之一。

萧红 >>>

1911—1942

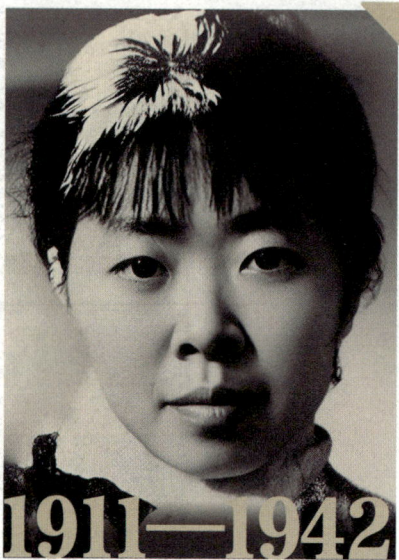

　　萧红，中国近现代女作家，"民国四大才女"之一，被誉为"20世纪30年代的文学洛神"。萧红是一位具有独特艺术风格的女性作家，以其作品中悲喜交集的情感基调、刚柔并济的语言风格、独特的写作视角和对行文结构的处理，在文学史中独树一帜。主要作品有《生死场》《呼兰河传》《马伯乐》等。

　　中小学语文课本中收录了她的《火烧云》《祖父的园子》。

萧红呼兰故居

—— 祖父的园子

　　"我家有一个大花园，这花园里蜂子、蝴蝶、蜻蜓、蚂蚱，样样都有……花开了，就像花睡醒了似的。鸟飞了，就像鸟上天了似的。虫子叫了，就像虫子在说话似的。一切都活了。倭瓜愿意爬上架就爬上架，愿意爬上房就爬上房。黄瓜愿意开一个黄花，就开一个黄花，愿意结一个黄瓜，就结一个黄瓜。若都不愿意，就是一个黄瓜也不结，一朵花也不开，也没有人问它。玉米愿意长多高就长多高，他若愿意长上天去，也没有人管。一到了后园里，立刻就另是一个世界了。"这段文字出自萧红的作品《呼兰河传》，描写的是她故乡老家张家大院后花园的样子。

> 故居地点：黑龙江省哈尔滨市呼兰区南二道街 / 号
> 主要居住时间：1911 年—1930 年

萧红出生在黑龙江省的一个小县城——呼兰。她在作品中这样写道："1911 年，在一个小县城里边，我生在一个小地主的家里。那县城差不多就是中国的最东最北部——黑龙江省——所以一年之中，倒有四个月飘着白雪。"萧红最重要的作品《呼兰河传》中的故事就发生在呼兰小城和这个院落里。

张家大院始建于清光绪三十四年（1908 年），是传统的满族式青砖青瓦住宅，四周筑土坯围墙，占地面积 7125 平方米，共有房舍 32 间，分东西两院。临街的东院有 11 间房子，是萧红家人居住的地方，其中正房 5 间，建筑面积 152 平方米。萧红就出生在正房里。两侧有东西厢房。西院是库房和供佃户、房客、长工居住的附院。萧红《呼兰河传》里写到的磨房、粉房、草房、养猪房、粮仓、马厩等都出自这里。

萧红出生时，家里已经三代单传，迫切需要一个可以顶门立户的儿子。萧红原名张秀环，她的出生让家里人非常失望，令她受到忽视。幸好，萧红的祖父张维祯对大孙女十分慈爱，祖孙俩常常待在一起。萧红的祖父识文断字，很愿意教导她。他常常在早上醒来后领着孙女一起背诗，在《呼兰河传》当中，能看到很多萧红跟祖父一起背诗的情景。小萧红年纪小，并不能完全理解背诵的诗词的本意，常常胡乱理解，但祖父十分宽容，从不呵斥或者打断她，总是微笑地看着她。

我们通过萧红的作品可以感受到她出色的文笔、优美灵动的语言，这跟她在童年时背诵了大量的唐诗宋词有关。茅盾先生曾经评价过萧红的《呼兰河传》："它是一篇叙事诗，一幅多彩的风土画，一串凄婉的歌谣。"后人把它称作"诗化的小说"，这都得益于萧红童年时祖父给她打下的基础。

萧红是呼兰张家第一个入学读书的女子。她小时候先后就读于龙王庙小学（现为萧红小学）、北关初高两级小学校、呼兰县第一女子初高两级小学校。小学毕业后，她想去哈尔滨读中学，却被父亲粗暴地拒绝了。萧红的父亲曾任小学校长、呼兰县教育局局长，然而重男轻女的思想却在他心中根深蒂固。他不许萧红继续读书，担心她读书时结交男友、谈恋爱，辱没门风。无论萧红怎样反抗，父亲都无动于衷。呼兰县有一座外观类似于巴黎圣母院的天主教堂，萧红干脆放出话来：如果不能到哈尔滨念书，她就去教堂当修女。最后，还是最了解、最心疼孙女的祖父张维祯以死相逼，替孙女争取到上学的机会。

1927年，十六岁的萧红入读哈尔滨市东省特别区区立第一女子中学（现为哈尔滨市第六中学、萧红中学）。上学期间，她开始在校刊上发表抒情诗，迈出了文学创作的第一步。

1929年，祖父过世，萧红悲痛不已。如果说这个家中有谁能给萧红一点温暖，那莫过于祖父了。祖父去世，这个家中唯一的一束光熄灭了。她在《呼兰河传》的结尾写道："呼兰河这小城里边，以前住着我的祖父，现在埋着我的祖父。我生的时候，祖父已经六十多岁了，我长到四五岁，祖父就快七十了，我还没长到二十岁，祖父就七八十岁了，祖父一过八十，就死了。从前那后花园的主人，而今不见了。老主人死了，小主人逃荒去了。"

1930 年，十九岁的萧红初中毕业，她拒绝父母包办的婚姻，逃往北平。这一逃便再没回头，中间只辗转回去过一次。在萧红的自传体小说《呼兰河传》中，曾经有过这样的一幕：

祖父教我念诗："少小离家老大回，乡音无改鬓毛衰。"我惊恐地问祖父："我也要离家的吗？等我胡子白了回来，爷爷，你也不认识我了吗？"

那么个曾经害怕离家的小女孩儿，或许不会想到自己后来不仅离开了家，而且一路辗转北平、哈尔滨、青岛、上海、临汾、东京、西安、武汉、重庆，最后病逝在香港，再也没有回到家乡。

呼兰成了她回不去的故乡，也成了她写作的根基。《呼兰河传》《生死场》《天空的点缀》等作品的背景都设在东北的乡村小镇。正如她在《失眠之夜》中写道："家乡这个观念，在我本不甚切的，但当别人说起来的时候，我也就心慌了！虽然那块土地在没有成为日本的之前，家在我等于没有了。"

作为呼兰河的女儿，萧红以三十一年颠沛流离、悲凉短促的人生，创作了近百万字风格独特的小说、散文、诗歌、戏剧等文学作品。她的作品充溢着旧时代的生活气息，她的思想充满了对现实社会的反抗精神，她的文笔深受读者喜爱。

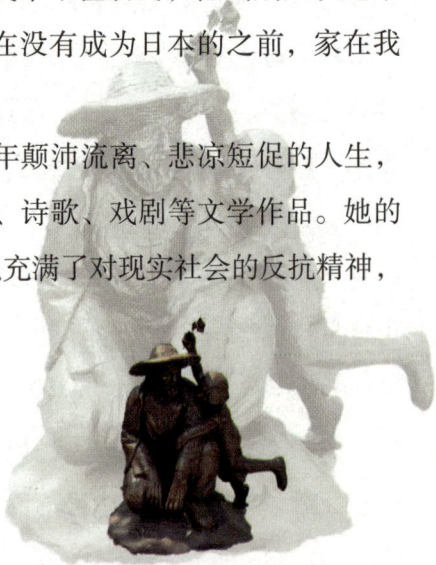

沈从文 >>>

1902—1988

　　沈从文，原名沈岳焕，湖南凤凰人，著名作家、历史文物研究者。他十四岁投身行伍，浪迹湘川黔交界地区。1924年开始进行文学创作，撰写出版了《长河》《边城》等小说。1931年至1933年在青岛大学任教，抗战爆发后到西南联大任教，1946年回到北京大学任教。新中国成立后，他在中国历史博物馆和中国社会科学院历史研究所工作，主要从事中国古代历史与文物的研究，著有《中国古代服饰研究》。沈从文的主要著作有《边城》《湘西散记》《长河》《中国丝绸图案》《唐宋铜镜》《龙凤艺术》《中国服装史》等。《湘行散记》《边城》《腊八粥》曾入选中小学课本。

沈从文凤凰故居

—— 沈从文的精神原乡

一篇《边城》，让凤凰古城走进人们的视野。气势磅礴的古城墙、整齐划一的吊脚楼、青灰光滑的石板路、沱江边的苗家少女……沈从文用一支妙笔将凤凰古城推向了世界。

沈从文的家位于湖南省湘西土家族苗族自治州凤凰古城中营街 10 号，建于清同治五年（1866 年）。这是一座典型的南方四合古院，具有浓郁

故居地点：湖南省湘西土家族苗族自治州凤凰古城中营街 10 号
主要居住时间：1902 年—1917 年

的湘西明清建筑特色。房屋居落分前后两栋，坐东朝西，中为过亭，正室三间，左右为书房，占地面积为 600 平方米。沈从文在这里度过了他的童年和少年时光。

湘西的凤凰县旧称镇筸（gān），是清代屯戍重镇，当地人尚武。沈从文的祖父沈宏富曾参加曾国藩统领的湘军部队，官至云南昭通镇守使和贵州提督。父亲沈宗嗣曾是清末名将天津总兵罗荣光的裨将。沈从文幼时的教育大多来自母亲黄素英。他的外祖父黄河清是当地最早的贡生，在文庙和书院工作。舅舅黄镜铭曾开办凤凰古城第一家邮政局和第一家照相馆。在家庭的熏陶下，沈从文的母亲黄素英在读书和见识上都不输当地从武的男子。沈从文曾说："我等兄弟姊妹的初步教育，便全是这个瘦小，机警，富于胆气与常识的母亲担负的……我的气度得于父亲影响的较少，得于妈妈的也较多。"

沈从文六岁正式上私塾，后进入凤凰县立第二初级小学和文昌阁小学读书。学校的课程不足以吸引这个早慧的孩子，他活泼好动，十分贪玩，逃学成了家常便饭。"学会了顽劣孩子抵抗顽固塾师的方法，逃避那些书本去同一切自然相亲近……当我学会了用自己眼睛看世界一切，到一切生活中去生活时，学校对于我便已毫无兴味可言了。"他撒了各种各样的谎，被父亲痛打，"我一面被处罚跪在房中的一隅，一面便记着各种事情，想象恰如生了一对翅膀，凭经验飞到各样动人事物上去"。沈从文在《从文自传》里写道，他的童年"在读一本小书同时又读一本大书"，"小书"指的是教室里的、私塾老师的教育。而湘西的集市、下雨的天空、流水的小溪、各种各样的手艺人才是沈从文最喜欢读的那本"大书"。

十五岁那年，沈从文由一个顽童变成了一个小兵，从此离开了故乡。父亲沈宗嗣在北京谋划刺杀袁世凯，事情败露后，一直逃亡在外。母亲一个人带着三子三女艰难度日，为养家糊口，沈母卖掉了最后的田土，在生活无着的情况下，忍痛中断沈从文的学业，将他送到军营中去混口饭吃。据沈从文回忆，那是农历七月十五中元节，他泡在水中玩，回去只见母亲对着他哭。第二天，在绵绵细雨中，背着母亲准备的齐全而沉重的行李，沈从文这个十五岁的小小人儿茫然地被推进新鲜而残酷的世界。

人远离了家乡，心却始终系着。他在《我所生长的地方》一文中写道："我就生长在这样一个小城里，将近十五岁时方离开。出门两年半回过那小城一次以后，直到现在为止，那城门我不曾再进去过。但那地方我是熟悉的。现在还有许多人生活在那个城市里，我却常常生活在那个小城过去给我的印象里。"

湘西题材的作品始终贯穿着他的创作。沈从文1934年出版的代表作《边城》，抗战后期他写的长篇小说《长河》，散文《湘行散记》《湘西》《湘行书简》都围绕着湘西展开，写出了他眼里的湘西故事，表达了对故乡人民不可言状的同情。

如今，那间沈从文生活了十五年的老房子，被列为湖南省人民政府重点文物保护单位，里面陈列着这位惊才绝艳的作家的遗墨、遗稿、遗物和遗像，成为凤凰古城最吸引人的人文景观之一。

14

沈从文北京故居

—— 陌室出佳作

故居地点：北京市东城区东堂子胡同51号
主要居住时间：1950年—1988年

　　沈从文在北京的故居位于东堂子胡同51号，在胡同中段北侧，坐北朝南，旧时的门牌是东堂子胡同21号，是"总理各国事务衙门"的西邻。当年是个二进的四合院，共有二十多间房子，是中国历史博物馆的宿舍。1953年，馆里给员工沈从文分配了靠东头的三间北房。1969年，沈从文去湖北咸宁"五七"干校时被别人占去两间。1972年冬，沈从文因病获准从干校返京，乃至之后的近十年的岁月里，他就蛰居在剩下的一间只有十几平方米的小屋里。

　　在近三十年的岁月中，这间小屋见证了这位了不起的文物史学家在漫长的、充满磨难的岁月里，完成了一项前无古人的历史研究。1964年，中国历史博物馆受周恩来总理委托，请沈从文编写一部关于中国古代服饰研究的书籍。接受了委托的沈从文，历经十五年，在这间小屋里完成了《中国古代服饰研究》的基础工作。

　　这本书的诞生命运多舛，历经数次重修，最终得以在香港出版。沈从文在艰难处境中的坚持，体现了他极大的学术毅力，对中国古代服饰研究的贡献功不可没。功夫不负有心人，这本书后来被誉为中国"古代服饰研究的奠基之作"。

东堂子胡同 51 号的这间小屋见证了这位了不起的作家、文物史学家一段充满磨难的生命历程。有谁能够想到，那部装帧格外气派华美且被誉为"中国社科界百年来最杰出的三大经典学术成果"之一的《中国古代服饰研究》是在这样的窘境中完成的。

有人这样描述他生活工作的情景：小屋的墙壁和窗棂上挂满了描摹的始于殷商迄至明清、上下三千余年中国各朝各代的文物图样和大小不一的说明纸条，地上、桌子上堆摞摊摆着各种书刊图册，就连床上也有一大半地方放了许多随手应用的图书。在小屋所剩无几的空间里，他趴在床上或伏在案前，抄录着，思考着……他工作起来常常顾不上别的，热的饭总是糊锅，甚至有时饭馊了也不在乎。他就这样，凭着"耐烦"两个字，以惊人的毅力默默地经春又复冬地做着自己认为有意义的事情。

沈从文的一生以 1948 年为界：之前，他在文坛成绩斐然，被誉为"乡土文学之父"；之后，他深居胡同，默默投身历史研究，成为中国文物研究的先行者。东堂子胡同深刻记录了一代文学巨匠的痛苦蜕变，它向我们传达的理念是——面对突如其来的厄运，要坦然接受；踏过满路荆棘，内心会变得异常强大。在命运面前，我们既要能接受荣耀的掌声，又要能从容挺过世事风雨，只有这样，我们才能战胜磨难，超越自我。

沈从文先生

1902—1988

闻一多 >>>

1899—1946

　　闻一多原名闻家骅，字友三，湖北浠水县巴河镇人，中国近代诗人、学者、民盟盟员、民主战士。曾任中山大学文学院教授、武汉大学文学院院长兼中文系主任、青岛大学文学院院长兼国文系主任、清华大学中文系教授。1946年7月15日，他被国民党特务杀害，时年四十七岁。他的学术著作有《神话与诗》《唐诗杂论》《古典新义》《楚辞校补》等，代表诗集有《红烛》《死水》等。

　　其作品《最后一次演讲》《七子之歌（节选）》曾入选中小学语文教材。

15

闻一多青岛故居

—— 一多楼

在中国海洋大学鱼山校区东北角，坐落着我国著名文学家、教育家闻一多先生的故居 ——"一多楼"。楼前雕像上镌刻着由他的学生臧克家撰写的碑文。

1899 年，闻一多出生在湖北省浠水县一户书香门第人家，他自幼接受传统教育，立志成为一名教授中国文学的教师。1930 年，时任国立青岛大学校长的杨振声热诚邀请闻一多前来执教。在他多番邀请下，三十一岁的闻一多来到青岛，担任国立青岛大学文学院院长兼国文系主任。

抵达青岛后，闻一多搬了几次家，最后住进了"一多楼"。这是一座古朴典雅的德式二层小楼，原为俾斯麦兵营。该建筑以新罗马风格为基调，红瓦黄墙，砖石结构，设有地下室和阁楼。闻一多住在其中一间约 20 平方米的房间里。

故居地点：山东省青岛市市南区鱼山路 5 号中国海洋大学校园东北角
主要居住时间：1930 年 8 月—1932 年夏

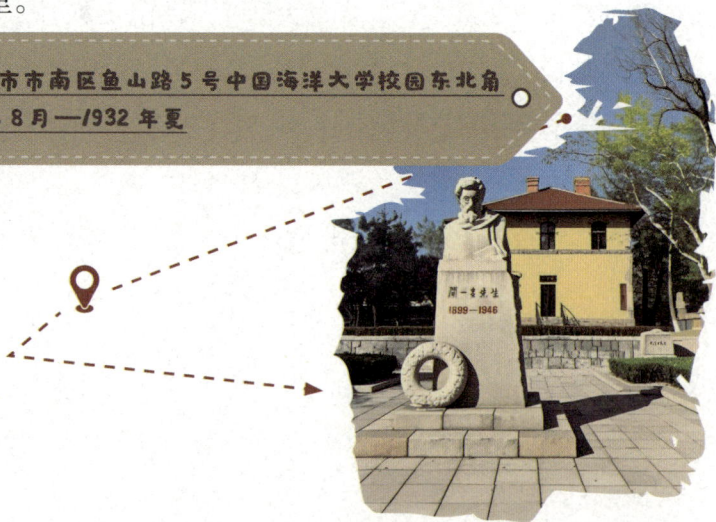

在这里，闻一多不仅致力于教育事业和文学创作，还忙于院、系的行政事务，主要讲授历代诗选、唐诗、英国诗选等课程。同时，他继续从事诗歌创作，著名的诗歌《奇迹》就是在此期间创作的。

我要的本不是火齐的红，

或半夜里桃花潭水的黑，

也不是琵琶的幽怨，蔷薇的香。

……

我并非倔强，亦不是愚蠢，

我是等你不及，等不及奇迹的来临！

我不敢让灵魂缺着供养……

这首诗被认为是闻一多告别诗坛的压卷之作。徐志摩称赞道："闻一多三年不鸣，一鸣惊人，出了奇迹。"

那么不写诗的闻一多去做什么呢？他转而投身于学问，实现了从诗人到学者的身份转换。

此时，闻一多开始了全面的唐诗研究工作，除完成《说杜丛抄》外，还撰写了《全唐诗人小传》《唐文学年志》等著作，取得了重大的突破性成就。他对古典诗歌的研究成果被郭沫若赞为"不但前无古人，恐怕还要后无来者"。

据他的学生臧克家回忆，1930年到1932年，闻一多在青岛期间："从唐诗下手，目不窥园，足不下楼，兀兀穷年，沥尽心血。杜甫晚年，疏懒'一月不梳头'。闻先生也总是头发凌乱。饭，几乎忘记了吃，夜间睡得很少……一个又一个大的四方竹纸本子，写满了密密麻麻的小楷，如群蚁排衙。几年辛苦，凝结而成《唐诗杂论》的硕果。"

1932年，闻一多因学生风潮离开青岛，返回清华任教。抗战爆发后，他随校迁往昆明，任西南联合大学教授。

闻一多将一生仅有的一篇即景抒情的散文献给了青岛这座城市。在散文《青岛》中，流露出他对这座城市的喜爱。"整齐的楼屋，一座一座立在小小山坡上，笔直的柏油路伸展在两行梧桐树的中间，起伏在山冈上如一条蛇。谁信这个现成的海市蜃楼，一百年前还是个荒岛？"这篇文章曾经作为他授课时的范文，或许，这就是他心中的"海市蜃楼"吧。

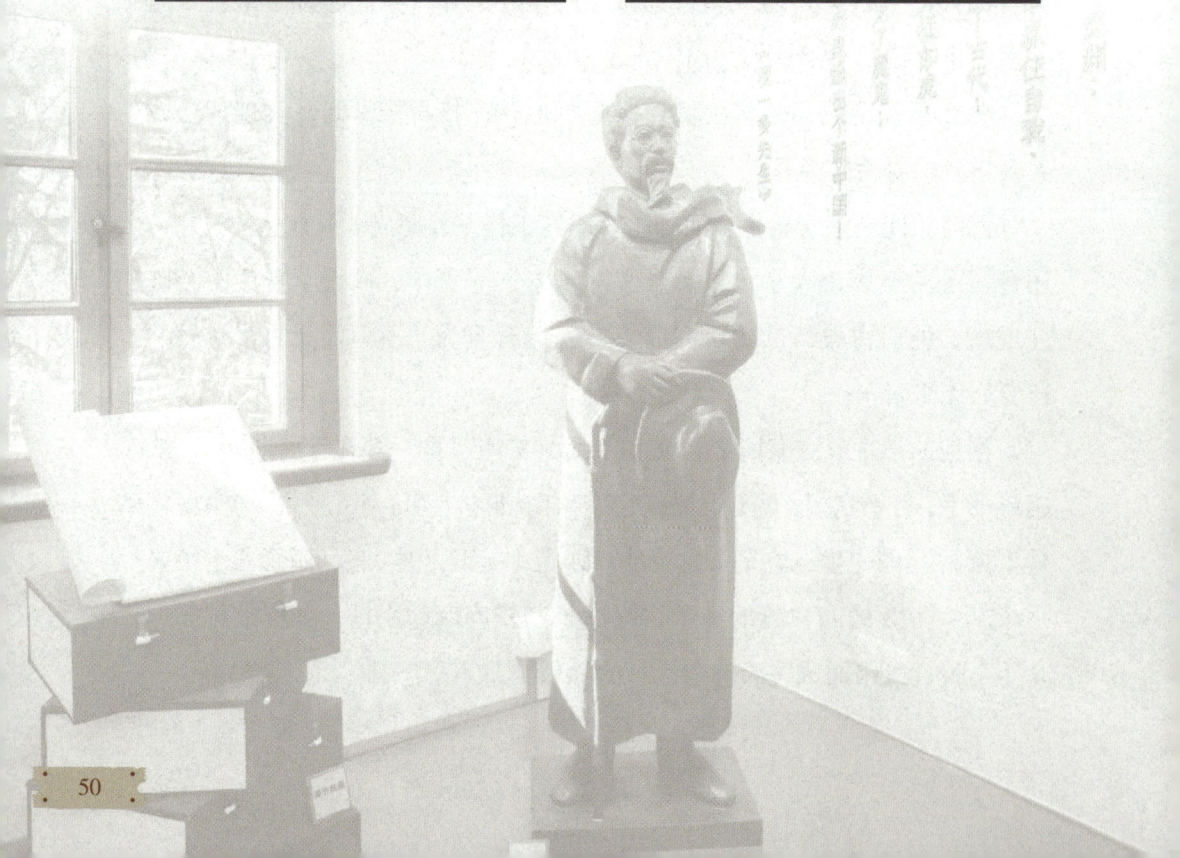

16

闻一多昆明故居

—— 闻一多公园

闻一多在昆明度过了生命中最后八年的时光。这八年里，由于时局动荡，他不得不频繁地搬家。1939年9月至10月，他们一家人住在昆明市武成路福寿巷3号。他将书房取名为"璞堂"，《璞堂杂记》《璞堂杂识》等学术成果就出自这里。

在昆明市陈家营村114号（现为华罗庚旧居）居住期间，他将躲避日机轰炸的华罗庚一家六口接来同住，两家人共居一室，留下一段佳话。

司家营17号是闻一多居住时间最长的一处。1941年，清华文科研究所租下司家营一户司姓人家的院子，用于教学、研究兼住宿。这是座"一

故居地点：云南省昆明市盘龙区司家营17号，闻一多公园内
主要居住时间：1941年—1944年

颗印"式的两层土木结构小楼，楼下是厨房和食堂，楼上西厢一侧住着闻一多一家，朱自清、浦江清、何善周等几人合住在另一侧。二楼的正面是研究所的办公室，从清华大学图书馆搬来的许多书籍就放在这里。每位教授和工作人员都有一张书桌，闻一多则用一块宽大的缝纫用的案板作为书桌。

在此居住期间，闻一多除指导研究生学习外，还继续从事学术研究。清华文科研究所文学部在闻一多的领导下成果丰硕，学术氛围极浓。闻一多在那块案板上完成了《楚辞校补》《乐府诗笺》《庄子内篇校释》及《唐诗杂论》等专著和论文，其中《楚辞校补》获1943年度（第三届）教育部学术奖励"古代经籍研究类"二等奖。

1945年1月，闻一多搬进了西南联大在翠湖边的西仓坡8号新建的教师宿舍，这是他在昆明最后的居所，也是其殉难处。1946年7月11日，民盟负责人、著名社会教育家、当年救国会七君子之一的李公朴，在昆明被国民党特务暗杀。得知消息的闻一多悲愤交加，他在李公朴追悼大会上拍案而起，慷慨激昂地发表了《最后一次演讲》，痛斥国民党特务，并握拳宣誓说："我们有这个信心：人民的力量是要胜利的，真理是永远存在的。"散会后，闻一多在返家途中，遭到国民党特务伏击，身中十余弹，不幸遇难。

在昆明北京路的司家营地铁站旁边，新建了闻一多公园，公园的原址就是闻一多住过的司家营村。公园内有闻一多纪念馆和闻一多、朱自清旧居，并以新月亭、红烛亭、民主桥、民盟广场等历史文化元素命名园林里的建筑，用来纪念这位杰出的学者、伟大的民主战士。

华罗庚

>>>

1910—1985

华罗庚,出生于江苏常州金坛区,祖籍江苏丹阳,数学家,中国科学院院士,美国国家科学院外籍院士,第三世界科学院院士,联邦德国巴伐利亚科学院院士,中国科学院数学研究所研究员、原所长,曾任全国政协副主席。

他的《聪明在于学习,天才在于积累》一文被选入中小学语文教材。

17

华罗庚昆明故居

—— 华罗庚纪念馆

　　位于昆明五华区的陈家营村 114 号，是一处隐藏于高楼大厦之中的民居，在西南联大时期，曾入住过文学家闻一多一家和数学家华罗庚一家。

　　这里原是一位杨姓人家的宅院，建于清末。最先是闻一多一家八口人租住在这里。抗战爆发后，原本在英国剑桥大学留学的华罗庚毅然放弃深造的机会，怀着抗日救国的热忱回到祖国，在清华大学担任教授。抗战时期，华罗庚一家随学校南迁至昆明。

　　华罗庚一家六口人原本租住在离城五里的黄土坡村，某日，房子被日本飞机炸毁。一家人虽逃过一劫，却无处安身。古道热肠的闻一多得知消息后，立即邀请华罗庚一家住到自己家里。

　　当时的居住条件非常艰苦，一楼饲养着家禽家畜，二楼住人。多年后，

故居地点：云南省昆明市五华区普吉街道普吉社区陈家营村 114 号
主要居住时间：1940 年—1944 年

华罗庚
（1910—1985）

华罗庚回忆道："晚上牛擦痒痒，擦得地动山摇，危楼欲倒，猪马同圈，马误踩猪身，猪发出尖叫声，而我则与之同作息。"闻一多把楼上的三间房空出一间来给华家居住，华罗庚一家总算有了落脚之地。由于房与房之间没有墙，中间无隔墙，他们便挂了一块布帘子，两家人隔帘共居。华罗庚专门写了一首诗，记录他们这段共居的岁月："挂布分屋共容膝，岂止两家共坎坷，布西考古布东算，专业不同心同仇。"

当年，物质极度贫乏，但精神却极为充实。战火之中，更显情谊。闻一多多才多艺，尤其擅长刻印。为了补贴家用，他有时会到昆明街头挂牌刻章。他曾为华罗庚刻过一枚印章，正面刻着"华罗庚印"，侧面刻有铭文："顽石一方，一多所凿，奉贻教授，领薪立约，不算寒碜，也不阔绰。陋于牙章，雅于木戳，若在战前，不值两角。"

华罗庚对这件事念念不忘，他在纪念闻一多的文章里写道："一多先生治印是为了生计，却精工镌刻了图章送给我，这是他美的艺术纪念物，也是他对朋友的真挚情意的宝贵凭证。"

一年后，闻一多搬到了龙泉镇司家营的清华文科研究所，华罗庚一家搬到耳房楼上两间小屋里，一直住了四年，直到离开昆明。

白天，腿脚不便的华罗庚走七八里地去给学生上课，晚上，他就借着一盏昏黄的小油灯研究数学。在这样艰苦的条件下，华罗庚写了二十多篇论文，完成了他的第一部专著《堆垒素数论》的手稿，又在自守函数论、矩阵几何学等方面取得了杰出的成就。

历经多年风霜后，这处旧居被修复改造，房间内陈列着关于在这里居住过的人的过往和历史，娓娓诉说着那段炮火中的岁月。根据华罗庚生平，设置华罗庚生平浮雕墙、数学科普墙、休闲广场、生平环形水景。人们可以来此探寻这位数学泰斗曾经的生活印记。

臧克家

>>>

1905—2004

　　臧克家，山东诸城人，著名诗人。他毕业于山东大学，师从闻一多先生，曾任《诗刊》主编、中国诗歌学会会长。其主要作品有诗集《烙印》、讽刺诗集《宝贝儿》、文艺论文集《在文艺学习的道路上》。

　　其短诗《有的人》和散文《说和做——记闻一多先生言行片段》被选入中小学语文教材。

18

臧克家诸城故居

—— 马耳山下的家

"有的人活着，他已经死了；有的人死了，他还活着。"中国的小学生都学过纪念鲁迅先生的《有的人》这首诗，它的作者是被誉为"世纪诗翁"的臧克家。

臧克家的故乡在山东诸城吕标镇臧家庄村，1905年10月，他出生在一个耕读之家。他的曾祖父和祖父都在前清得过功名，父亲臧统基毕业于山东政法学堂，这所学校是山东大学前身之一。祖父和父亲都爱读诗，从小，祖父就教他背诗。七八岁时，他就能背诵许多古诗了。当听爷爷

故居地点：山东省诸城市龙都街道见屯社区臧家庄网格臧克家路5366号
主要居住时间：1940年—1944年

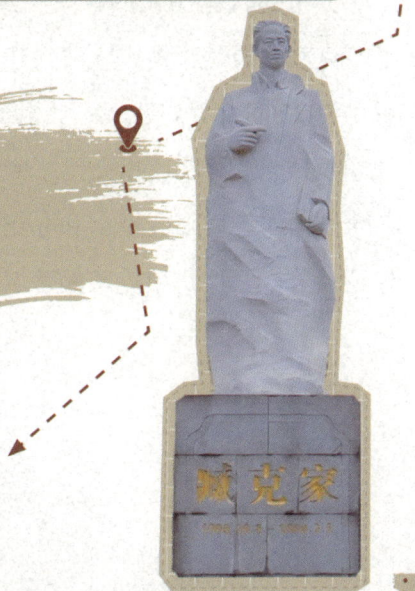

朗诵白居易的《长恨歌》时，臧克家虽然还不能完全懂，但他却莫名地感动，这也许就是心灵的共鸣吧。在上私塾期间，他熟背了大量古文，如《滕王阁序》《吊古战场文》《答苏武书》《陋室铭》《读孟尝君传》等。他晚年忆起幼年时光时说道："相隔近七十年，至今仍能背得出来，当年啃骨头，今日始解其中味，获益不浅。"正是扎实的古文功底，为他的诗歌创作奠定了坚实的基础。

在故乡的马耳山下，臧克家度过了童年和少年时期。1919 年，他离开家，前往诸城县第一高等小学。1923 年夏，他考入山东省立第一师范学校，在校期间，他开始发表诗作。后来，他写了一首语言朴素、感情真挚的小诗来纪念自己的家乡。"乡音入耳暖我心，故里热土暖我身。五岳看山归来后，还是对门马耳亲。"

他的一生与诗歌有着不解之缘，写出了《有的人》《老马》《三代人》《难民》《罪恶的手》等不朽的诗篇。朱自清曾说："以臧克家为代表的诗歌出现后，中国才有了有血有肉的以农村为题材的诗歌。"

为纪念这位伟大的诗人，2009 年，臧克家故乡的当地政府投资修复了臧克家故居。这是一座清式建筑风格的四合院，占地面积 4700 平方米，有房屋 33 间，青砖灰瓦，古朴典雅。"臧克家故居"匾额由著名国学大师季羡林题写。展厅里介绍了臧克家辉煌的一生，从亲情、友情、乡情等各个方面作了详细的展示和介绍。"有的人活着，他已经死了；有的人死了，他还活着。"这句臧克家的著名诗句，就写在故居外面的院墙上。

徐志摩

>>>

1897—1931

　　徐志摩，现代诗人、散文家、翻译家，原名章垿（xù），字槱（yǒu）森，是新月派代表诗人。青年时期，他留学美国克拉克大学和英国剑桥大学。曾任教于北京大学、光华大学、中央大学，并编辑《晨报副刊》。在诗歌、散文等领域，他都有脍炙人口的佳作，在中国文学史上占有重要一席。代表作有诗歌《再别康桥》《偶然》《雪花》，散文集《落叶》《自剖》及日记书信集《爱眉小札》。

　　其中《再别康桥》《我所知道的康桥》《翡冷翠山居闲话》入选中小学语文教材。

19

徐志摩海宁故居

眉 轩

　　"我将于茫茫人海之中访我唯一灵魂之伴侣，得之，我幸；不得，我命。"这是新月派诗人徐志摩的名言。他与伴侣陆小曼经过争取，幸福地结合了，他们在北京举办了盛大的婚礼。婚后，二人从北京出发，回到徐志摩的老家浙江嘉兴，住进了徐志摩的父亲徐申如在老宅附近为他们建造的一栋小洋楼。

故居地点：浙江省嘉兴市海宁市硖石镇干河街 38 号
主要居住时间：1926 年 10 月—1927 年春

这栋小楼的外观是一座西式小洋楼，内部却是中式传统住宅。这栋中西合璧的小洋楼在当时算是一栋豪宅，建筑面积 600 平方米，房屋二十余间，前后两进，主楼三间二层，前带东西厢楼。后楼亦三间，屋顶有露台，可登临。室内有冷热水管、电灯、浴室等。

徐志摩对新人、新房都极其珍爱，将其命名为"香巢"。其中东厢房为"眉轩"，即徐的书房，据说内部装修及居室布置都是徐志摩亲自设计的。徐陆在这所爱巢里度过了一段短暂的新婚生活。他们白天到东山捡浮石、西山觅沉芦，晚上依窗棂望月作画吟诗，相互切磋，自得而怡然。徐志摩在此期间写下了蜜月日记《眉轩琐语》，完成了小说《家德》的创作，并编就了《诗刊》第二期。

1927 年春，由于政治形势的变化及多种原因，新月社一些成员纷纷聚集到上海，徐志摩与陆小曼为逃避战乱也移居上海，搬离了他们的爱巢。如今，这所故居被完好地保留下来。故居大门匾额为金庸先生手书"诗人徐志摩故居"，匾额下端有"表弟金庸敬题"的落款。正厅有匾"安雅堂"，乃当代著名诗画家启功先生补书。故居内正厅、卧室、书房布置复原陈列，再现徐志摩的家境和生活场所。主楼底层两侧有徐志摩的家世、生平及思想和文学活动陈列，展示徐志摩短暂而绚丽多彩的一生。

此外，故居内还保留着许多珍贵的文物和历史资料，如诗人的手稿、信件、照片以及他生前所用的物品等。这些珍贵的文物不仅可以让我们更深入地了解徐志摩的生平和创作，也为我们提供了一个独特的视角，去感受那个时代的风貌和气息。

20

徐志摩上海故居

—— 南昌路花园别墅

　　徐志摩和陆小曼婚后在老家海宁硖石生活了一段时间后，迁居上海，几经辗转，以每月 100 大洋的租金，在上海环龙路花园别墅 11 号（即现在的南昌路 136 弄 11 号）定居下来。这里是上海新式里弄建筑，建造于 1912 年前后，为三层砖木结构。这套居所建筑面积约 120 平方米，底层入口设小门厅，有水泥浇筑的拱形雨棚，二层水刷石窗框有西方文艺复兴的艺术风貌，三层为出挑的混凝土通长阳台。

居住地点：上海市南昌路 136 弄 11 号
主要居住时间：1927 年——1928 年

1927 年至 1928 年间，徐志摩和陆小曼居住于此。其间，徐志摩任上海光华大学教授，并创办新月书店，与陆小曼合著五幕话剧剧本《卞昆冈》。这是徐志摩与陆小曼合作的唯一一部作品，也是徐志摩创作的唯一一部剧本。

之后，徐志摩和陆小曼又搬迁到福熙路四明村 923 号（今延安中路 913 弄）居住。那是一幢上海滩老式石库门洋房，于 1912 年—1928 年间由四明银行兴建，位于当时上海滩相当体面的居住区，很多文化界、文艺界的名流都住在那里，如国学大师章太炎、电影明星胡蝶等。徐志摩和陆小曼租住的是一幢临街的房子，常常是灯火通明、宾客盈门。胡适、翁瑞午、邵洵美、沈从文、张歆海夫妇、陈定山伉俪等都是这里的常客。朋友们来了，除了谈天，有时也随意写诗作画，这些诗画后来被陆小曼编入《一本没有颜色的书》中。在四明村居住期间，两人各有《爱眉小札》《眉轩琐记》和《小曼日记》等名篇问世。遗憾的是，四明村这处旧居已被拆迁，旧日芳踪无处寻觅。

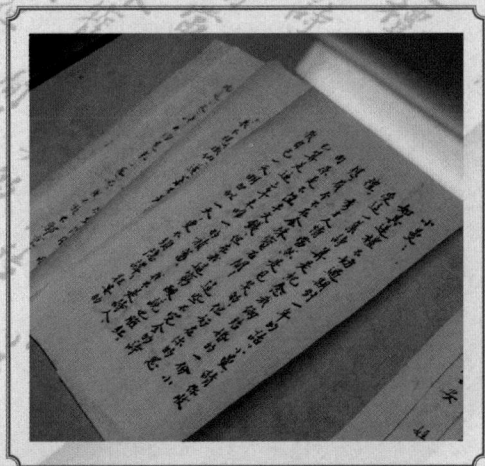

林海音 >>>

1918—2001

　　林海音，本名林含英，中国当代女作家，出生于台湾苗栗县头份镇，祖籍广东蕉岭。1937年毕业于北平新闻专科学校，曾任《世界日报》记者、编辑。作品有散文集《冬青树》《窗》《一家之主》《作客美国》《芸窗夜读》，长篇小说《晓云》《城南旧事》等。

　　其作品《冬阳·童年·骆驼队》《窃读记》《爸爸的花儿落了》被选入中小学语文教材。

林海音北京故居

——小英子的南柳巷

林海音在《爸爸的花儿落了》一文的结尾写道："爸爸的花儿落了，我已不再是小孩子。"那一年，她十二岁。

林海音的原籍是台湾地区苗栗县头份镇。父亲是客家人，母亲是台北县的闽南人。她出生在日本大阪，三岁随父母返回台湾，五岁同母亲到北京，一住就是二十六年。

在北京，英子随着父母搬了许多次家，但每次都未曾离开城南。椿树胡同、新帘子胡同、虎坊桥、梁家园，尽是城南风光。她对这里的季节变换了如指掌，阳光明媚的春天，她到中山公园看牡丹、芍药；夏天的黄昏，她懒洋洋地躺在太庙静穆松林遮掩下的藤椅上，看书、喝茶、听蝉鸣；代表秋天的，那一定是牛羊肉的膻和炒栗子的香。她在小说《城南旧事》

故居地点：北京市西城区南柳巷40号
主要居住时间：1946年5月—1947年12月

的首章写道："夏天过去，秋天过去，冬天又来了，骆驼队又来了，但是童年却一去不还。冬阳底下学骆驼咀嚼的傻事，我也不会再做了。"

林海音（上）和妹妹

林海音（右）与母亲、弟妹

父亲去世后，林海音一夜之间长大，帮母亲扛起了一个家。为了节省开支，全家人搬进了南柳巷晋江会馆的两间屋子。因为林海音母亲的先祖是由福建迁到台湾的，因此林海音一家也算是同乡，得以在馆内免费居住，并且得到同乡的照顾。

林海音的祖父林台先生十分惦念他们一家，几次写信给儿媳黄爱珍——孤儿寡母留在外头太艰苦，回家乡来吧！然而他们都不愿意回去。林海音写信给祖父说明原因："我现在已经读到中学二年级了，弟弟和妹妹也都在小学各班读书，如果回家乡去，我们读书就成了问题。我们不愿意失学，但是我们不能半路插进读日本书的学校。……我们是不愿意回去读那种学校的，更不愿意弟弟妹妹从无知的幼年就受那种教育的。妈妈没有意见，她说如果我们不愿意回家乡，她就和我们在这里待下去，只是要得到祖父的同意。亲爱的祖父，你一定会原谅我们的，我们会很勇敢地生活下去。"

就这样，他们一家人继续留在北平，一直住在南柳巷晋江会馆。林海音在这里完成了读书、工作、恋爱等人生大事。1939 年，林海音与夏承楹在北平协和医院礼堂结婚，婚后住进夏家永光寺街的家，新家距离娘家只有五分钟的路程。

1948 年 8 月，林海音同丈夫带着三个孩子回到故乡台湾，离别的飞机在北京上空盘旋，最后难忘的一瞥是协和医院的绿色琉璃瓦，她的心颤抖着："是一种离开多年抚育乳娘的滋味。"在此后的岁月中，北平一直让她魂牵梦绕，直抵生命记忆的最深处："不能忘怀的北平！那里我住得太久了，像树生了根一样。"

　　南柳巷的生活成为她一生的记忆，后来林海音追忆："南柳巷也是在我一生居住中占有重要意义的地方，时间又长，从我在无父后的十年成长过程中，经过读书、就业、结婚，都是从这里出发。我的努力，我的艰苦，我的快乐，我的忧伤……包含了种种情绪。"

　　她把这些不能忘却的记忆写进了书里，《城南旧事》是她带有自传色彩的小说，她用五年时间，勾勒出她生活了二十六年的北京，20世纪20年代的市井图景和人情世故，在她的笔下活了过来。1983年，这部小说被改编为电影，"长亭外，古道边，芳草碧连天……"电影插曲《送别》成为难忘的经典旋律。

叶圣陶

>>>

1894—1988

叶圣陶，原名叶绍钧，江苏苏州人，现代作家、教育家、文学出版家和社会活动家，被誉为"优秀的语言艺术家"。新中国成立后历任教育部副部长、中央文史研究馆馆长等职。叶圣陶主张规范现代汉语，包括规范的语法、修辞、词汇、标点的使用，推广简化字以及去除异体字，他的主张深刻影响了我们今天的作文和口语表达方式。叶圣陶一生致力于教育事业，堪称文化教育界的"一代师表"。他的代表作有长篇小说《倪焕之》、童话故事《稻草人》、随笔集《西川集》等。

他创作的很多脍炙人口的作品，如《荷花》《爬山虎的脚》《苏州园林》《记金华的双龙洞》《古代英雄的石像》《光明的世界》《小小的船》和《稻草人》等被选入中小学语文教材。

22

叶圣陶苏州故居

—— 苏州杂志社

　　许多人对苏州园林的了解，大多来自上学时学过的那篇《苏州园林》，其作者就是叶圣陶。叶圣陶 1894 年生于苏州吴县，并在那里度过青少年时期。中学毕业后，在 1912 年至 1921 年的十年里，叶圣陶先后在苏州言子庙小学、上海尚公学校、甪直镇吴县第五高等小学执教，对儿童有着深入了解，并开始写一些适合中国孩子阅读的童话。他的第一篇童话《小白船》写于 1921 年 11 月 15 日，随后又陆续创作了《傻子》《燕子》《一粒种子》《地球》《芳儿的梦》等童话。至 1922 年 6 月，他共写了 23 篇

故居地点：江苏省苏州市姑苏区滚绣坊青石弄 5 号
主要居住时间：1935 年—1937 年

童话，结集为《稻草人》，并于 1923 年由上海商务印书馆出版。这是中国儿童文学史上的第一本童话集，为中国童话开辟出一条新河。

叶圣陶用稿费在苏州青石弄购置了一处房产，简单地修缮之后，一家人住了进去。这座平房占地面积约 530 平方米，呈丁字形，有青砖廊道和方形立柱，庭院布局开阔，紫藤悬垂，小径逶迤。他本想在这里久住，然而抗战爆发，1937 年秋，他不得不带着家人离开苏州，迁往四川。在苏州青石弄居住的两年里，他创作了短篇小说《一篇宣言》、散文集《未厌居习作》等名作。

新中国成立后，叶圣陶前往北京并定居，青石弄的宅子就空置了下来。1984 年底，叶圣陶不愿此处住宅空置，提出要把它捐给国家，希望各地的作家若到苏州体验生活，能有一个适宜的住处，享受免费招待。1988 年冬天，《苏州杂志》创刊，并迁入此处办公。此时，叶公已经仙逝。想必叶老泉下也会说"得其所哉"。

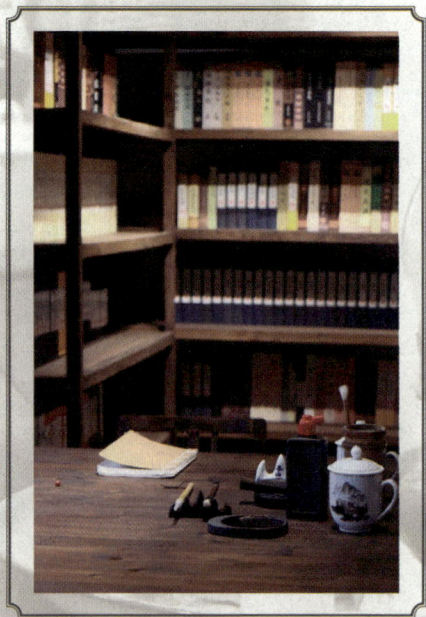

23

叶圣陶北京故居

海棠之约

　　叶圣陶一生住过很多地方，但北京是他一生中居住时间最长的地方。1949年3月，叶圣陶从四川到北平。8月28日，他搬进了东四八条71号四合院。这所院子原是清内务府一位官员的住宅，青砖黑瓦，石雕门楼，三进院落，院内一字影壁。三间正房坐北朝南，院带垂花门，内有抄手游廊、坐凳栏杆，廊墙上嵌有什锦窗。正房院内有四棵树：北屋两边各是一棵海棠；与海棠相对，南边院门两旁种着一棵白丁香和一棵黑枣树。

　　近四十年的岁月里，叶圣陶在这所小院里做了很多基础的、却很重要的事情。新中国成立后，叶圣陶先后出任教育部副部长、人民教育出版社社长和总编辑等职务，一直为中国的教育事业呕心沥血。他把"国文"改为"语文"，他说："口头为语，书面为文，语和文不能偏废，故称语

故居地点：北京市东城区东四八条71号
主要居住时间：1949年—1988年

九年义务教育六年制小学教科书
语文
YŪ WÉN
第一册

"国文"改为"语文"

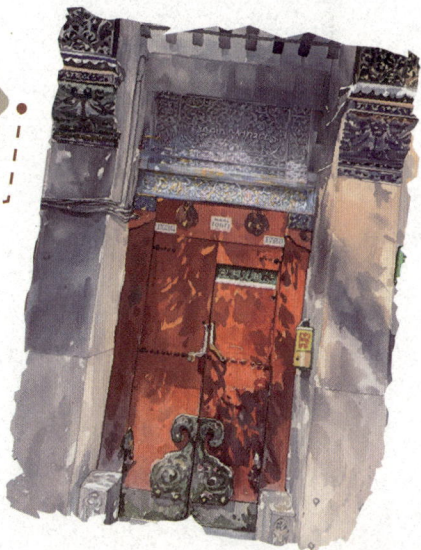

文。"自此以后，新中国才有了语文课。最初语文课本上的"语文"二字，便是他的书法作品。1949 年 8 月，叶圣陶主持草拟了《小学语文课程标准》和《中学语文课程标准》。1951 年，他起草了《标点符号用法》。1954 年，他担任《宪法》语文顾问，每个字、每个标点都一遍遍地推敲。他兢兢业业、严谨认真，为他钟爱的教育事业奉献了一生。

院子里的海棠树有一百多年了，每到四月海棠盛开的季节，叶圣陶必定会选一个日子，请家人准备些酒菜，邀请王伯祥、顾颉刚、章元善、俞平伯四位先生一同赏花。这五位苏州同乡都是八十岁上下的人，因而取名"五老赏花会"。叶老的长子叶至善在《父亲长长的一生》中记载道："虽然都常住北京，聚会一次也不容易，看他们须眉皆白，说古论今，常因耳背互相接错了茬。满屋子欢声笑语，倒冷落了窗外那两棵已经绿肥红瘦的女儿棠。"

1983 年的一天，叶圣陶去探望冰心，聊起了家里一年一度的海棠会，冰心不禁心生向往。叶圣陶当即表示，明年海棠花开，一定邀请冰心前往。不料第二年海棠花开时，他却住进了医院。1984 年 4 月 5 日，冰心老人到医院看望叶圣陶，他非常感动，写诗致谢："正候高轩看海棠，却于病舍接容光。"第三年的海棠之约仍未达成，叶圣陶在病床上作了一首七绝："廊外春阳守病房，今年又负满庭芳。章俞二老冰心姐，仍歉虚邀看海棠。"

他对与冰心的海棠之约念念不忘。1987 年 4 月 4 日，叶圣陶出院回家。一进院门，家人便告诉他，海棠已经绽出了花蕾，他欣慰地说："今年可以邀请冰心来看海棠了。"4 月 22 日，两位老人终于在海棠树下见面了。叶至善回忆："父亲的耳朵背得厉害，冰心阿姨凑在他耳朵边上高声说话，他还得把手拢在耳朵背后听；拍摄在照片上，好像两个人在说悄悄话。"

1988 年 2 月，九十四岁高龄的叶圣陶先生与他为之付出一生的教育事业作别。位于东四八条的这座小院，见证了他无悔无瑕的后半生。

曹雪芹

>>>

约 1715—约 1763

曹雪芹，名沾，字梦阮，号雪芹，江宁织造曹寅之孙。他早年生活在南京江宁织造府，享受着富裕的生活。雍正六年（1728 年），曹家因亏空获罪被抄家，后移居北京西郊，生活极为困顿。曹雪芹以坚韧不拔的毅力，披阅十载、增删五次，创作出了《红楼梦》这部巨著。他基本完成了前八十回，后四十回未及改定，书稿的下落至今仍是谜团。

《红楼梦》中的"黛玉进贾府"一段，被选入中小学语文教材。

24

曹雪芹北京蒜市口故居

—— 十七间半房

《红楼梦》是中国古典小说中最伟大的杰作之一，被誉为"中国古典小说的巅峰之作"，以其不可抗拒的艺术魅力，倾倒了一代又一代读者。曹雪芹以亲历亲闻的生活为基础，以"真事隐去""假语村言"的方式，书写其人生阅历和感悟。深邃丰厚的内容、诗性的叙事、丰富多彩的人物形象和感人肺腑的情节，使这部作品具有永恒的魅力。也正因此，"红学"研究也因这部名著而长盛不衰。

故居地点：北京市东城区广渠门内大街 123 号
主要居住时间：1727 年—青少年时期

　　少年时的曹雪芹，家住南京，经历了一段极为富贵奢华的生活。他当时的生活样貌，读者们可以通过《红楼梦》窥见一二。1727年，父亲曹頫时任江宁织造因罪被革职，曹家被抄家，家族遂败落，曹雪芹随家人移居北京，住在广渠门内。

　　在1982年10月中国第一历史档案馆所藏清代内务府档案中，发现了雍正七年七月二十九日的《刑部为知照曹获罪抄没缘由业经转行事致内务府移会》，其中记载："曹之京城家产人口及江省家产人口，具奉旨赏给隋赫德。后因隋赫德见曹寅之妻孀妇无力，不能度日，将赏伊之家产人口内，于京城崇文门外蒜市口地方，房十七间半、家仆三对，给与曹寅之妻孀妇度命。"

　　档案中所说的"十七间半"房，即为现广渠门内大街207号或邻近的两个院落。蒜市口，就是现在崇文门外的磁器口地区。

　　在这个地区生活的这段时间，是曹雪芹《红楼梦》思想形成的重要时期。《红楼梦》中的很多场景都能在蒜市口地区找到"影子"，如书中提到的兴隆街就离蒜市口不远，铁槛寺的原型是附近的隆安寺，是古代皇家、高官停灵的地方。故居东边还有一座曹雪芹常去的卧佛寺。

　　曹家人大概在这里生活了十几年，后来家里经济越来越拮据，就把房子卖掉搬去了祖居。

北京东城区经过 22 年的复建，建成"曹雪芹故居纪念馆"，并于 2022 年 7 月 29 日开馆。馆内设有"曹雪芹故居陈列"，突出"曹雪芹与北京"的主题，以曹雪芹在十七间半、在北京东城的生活经历为主，分别有"归籍京师""寻梦蒜市口""红楼一梦"三个主题展览。

25

曹雪芹北京香山故居

—— 红楼梦的诞生地

北京市海淀区四季青乡正白旗村，是曹雪芹晚年居住的地方。曹家搬离崇文门外蒜市口后，几经搬迁，于乾隆九年左右（1744 年）回到香山正白旗祖居。在这里，曹雪芹过着清贫的生活，遭遇中年丧妻、晚年丧子之痛，但他凭借顽强的毅力，完成了巨著《红楼梦》。

故居地点：北京市海淀区香山卧佛寺路正白旗村 39 号北京植物园内
主要居住时间：曹雪芹晚年

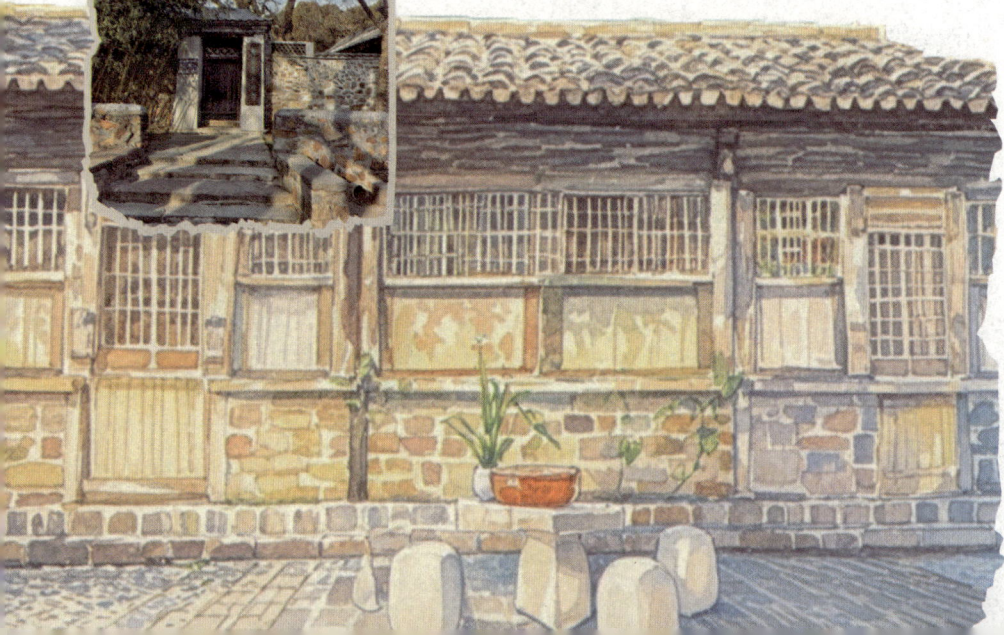

1971 年 4 月 4 日，在香山地区正白旗村 39 号发现的一座带有几组题壁诗的老式民居，被部分专家认为是曹雪芹的著书之所。有关部门根据有关诗文所说曹雪芹晚年"著书西山黄叶村"以及其他描述，特于北京植物园（原正白旗所在地）中辟地 8 公顷，建成了曹雪芹纪念馆。这是我国第一座曹雪芹纪念馆，于 1983 年 4 月 22 日开馆。

馆舍是一排坐北朝南的清式平房，占地面积约 3000 平方米，建筑面积 300 平方米。馆藏主要有与曹雪芹身世相关的文物、曹雪芹一家与正白旗村有关的文物以及名著《红楼梦》中所描述的实物仿制品等。纪念馆的展览内容主要包括五个方面：曹雪芹的生活场景、纪念馆的建馆由来、曹雪芹的家世渊源、曹雪芹的生平事迹以及"千古风流"。

传说曹雪芹在香山居住时，不时从一条小道来往于山前山后，这条小道便被称为"曹雪芹小道"。在小道的起点处，有一块大石头，上面刻着"残羹冷炙有德色，不如著书黄叶村"。这是曹雪芹的友人、清代宗室爱新觉罗·敦诚《寄怀曹雪芹霑》中对他的勉励，石头上的字由著名红学家周汝昌先生所题写。

吴敬梓 >>>

吴敬梓，字敏轩，号粒民，安徽全椒（今安徽省全椒县）人，清代文学家。吴敬梓出身缙绅世家，幼年聪颖，善于记诵，性情豪爽，轻财好施，不善于治生理家，初入学为生员，后屡困科场，家业衰落，饱尝世态炎凉之苦。因家有"文木山房"，故晚年自称"文木老人"；又因移居江苏南京秦淮河畔，故又称"秦淮寓客"。著有《文木山房诗文集》《文木山房诗说》以及长篇讽刺小说《儒林外史》。

一 探花第

　　《儒林外史》的作者吴敬梓出生在安徽全椒县一个家门鼎盛的书香世家。他的曾祖辈中，有四人中过进士，其中曾祖吴国对是顺治年间的探花。吴敬梓曾说自己家"子弟则人有凤毛，门巷则家夸马粪"，说明吴家家族里人才辈出，且家资颇丰。

　　幼年时的他是个"学霸"，是乡里的正面典型。有文字记载，他"尤精《文选》，赋援笔立成"。这里所说的"文选"指的是《昭明文选》，是士子科考的必读书目，当时有一种说法叫"文选烂，秀才半"，由此看来，他在幼时就为科举之路打下了良好的基础。身负全县人期望的吴敬梓，二十岁就中了秀才。

　　故居地点：安徽省滁州市全椒县河湾路88号
　　主要居住时间：1701年—1733年

然而，命运一而再、再而三地考验吴敬梓。他在小时候被过继给伯父吴霖起，一直跟随他生活。二十三岁那年，吴霖起不幸去世，族人见利忘义，仗着人多势众，强行分家。孤立无援的吴敬梓只能眼睁睁看着家产被夺，病弱的妻子陶氏也因不甘忍受族人的欺凌，饮恨而终。这一连串的打击致使他对人生和社会的看法产生了根本转变。在《儒林外史》一书中，吴敬梓塑造了严贡生、严监生两兄弟的形象，二人围绕着谋夺财产展开了立嗣之争，在这样的故事情节里多多少少反映了吴敬梓这一段的生活经历。

二十多岁的吴敬梓是个豪侈旷达的青年，或许是他不懂理财，或许他认为金银是离间感情的坏东西。在"遗产争夺"事件后，他开始过着"千金一掷买醉酣"的生活，通宵达旦地欢歌宴饮。手上的钱花光了，就卖房子卖地。族人劝他，他却口吐狂言："男儿快意贫亦好，何人郑白兼彭聃。"（此句出自吴檠《为敏轩三十初度作》）意思是做人开心最重要，有钱买不来长寿药。就这样，他从乡人眼中的正面典型变成了负面典型，乡人都骂他是败家子，告诉自家孩子千万别学他。声名狼藉的吴敬梓对家乡失望至极，他变卖了祖产，在三十三岁那年把家搬到了南京。一条浅浅的滁河，阻断了他与家乡的联系。

后来，这个"败家子"成了全椒县的骄傲，一部《儒林外史》让他名扬天下。1959年，为了纪念吴敬梓，全椒县开始筹建吴敬梓纪念馆，特邀老舍先生为纪念馆题写匾额。纪念馆选址在滁州市全椒县襄河镇河湾街，占地面积约49000平方米，建筑面积约9700平方米，由吴敬梓纪念馆、故居"探花第"和儒林文化园三大板块组成。故居"探花第"是吴敬梓曾祖父吴国对考中顺治年间一甲三名探花之后皇帝赐予土地而建，建于1668年前后。这里曾生活着从吴敬梓曾祖父吴国对到吴敬梓儿子吴烺五代人。

在曾祖吴国对的"探花第"后面的遗园里，吴敬梓写了四首五言诗。其中之一写道："辛苦青箱业，传家只赐书。荒畦无客到，春日闭门居。柳线和烟结，梅根带雨锄。旧时梁上燕，渺渺独愁予。"诗中描述园子已经荒废，荒畦无客，春日闭门，显得格外冷清。吴敬梓来到这里，仿佛在寻找情感的寄托，也仿佛在和先人对话。

吴敬梓南京故居

一 秦淮水亭

雍正十一年（1733年），三十三岁的吴敬梓带着续弦妻子叶氏和儿子吴烺，离开伤心地全椒县，把家搬到了南京，住在秦淮河畔的秦淮水亭，以卖文为生。在此之前，他曾数次到过南京，非常喜欢南京深厚的人文气息。远离了家乡人情的纷纷扰扰，吴敬梓心情大好。他写了《春兴八首》来表达自己的喜悦之情，其中一首是这样写的："秦淮三月水，芳草绿回汀。楼外莺梭啭，窗前渔榜停。午烟随处满，卯酒未曾醒。花事知何许，柴门竟日扃（jiōng）。"诗中弥漫着轻松的心绪。

故居地点：江苏省南京市秦淮区东关头路25号
主要居住时间：1933年—1944年

他在南京结识了许多名人雅士，如程廷祚（zuò）、吴蒙泉、樊明征，还有诗人朱卉、李葂（miǎn）、徐紫芝，词人陈希廉，画家王宓（mì）草、王溯山，学者刘著、周榘（jǔ）等。后来，他把其中一些人写进了《儒林外史》。随着接触面愈来愈广泛，吴敬梓的视野进一步拓宽了，他看到："有心艳功名富贵而媚人下人者；有依仗功名富贵而骄人傲人者；有假托无意功名富贵自以为高、被人看破耻笑者。"在饱尝世态炎凉、看透八股取士的腐朽之后，吴敬梓开始创作《儒林外史》。

此时，吴敬梓已经穷困潦倒，到了"囊无一钱守，腹作千雷鸣"的地步，只能把家中的藏书卖掉，换取米粮。冬日天寒，吴敬梓居住的屋中无火取暖，夜间写书寒气逼人，忍无可忍时，他便邀约一些同样穷困的朋友，晚上趁着月色绕城跑步取暖，戏称为"暖足"。他的好友程晋芳在《文木先生传》中有一段精彩的描述："出城南门，绕城堞（dié）行数十里，歌吟啸呼，相与应和，逮明，入水西门，各大笑散去，夜夜如是，谓之'暖足'。"就在这样艰苦的条件下，吴敬梓坚持创作。乾隆十五年（1750年）前后，吴敬梓用十多年时间创作的长篇讽刺小说《儒林外史》终于成书。

乾隆十九年（1754年），吴敬梓到扬州访友，不幸客死扬州。友人为他筹措了丧葬费用，将他的棺木通过水路运到南京。因为他生前曾说："生平爱秦淮，吟魂应恋兹。"因此友人最终按照他的心愿将他安葬在了南京。

吴敬梓在南京生活了二十多年，南京人为他建立了纪念馆。地址选在南京清溪河与秦淮河交界处，毗邻古桃叶渡，名为"秦淮水亭"。馆内东院有亭，西院为假山莲池，正屋后方为秦淮码头，院落内有三组雕塑，都围绕吴敬梓生平事迹与《儒林外史》的创作展开。馆内还展示了吴敬梓的生平家世、《儒林外史》的各种版本和插图、根据《儒林外史》有关章节绘制的连环画作品及《儒林外史》问世以后的有关研究文章。

如今，吴敬梓纪念馆已成为秦淮河边最美的公共文化空间。

丁玲 >>>

1904—1986

丁玲，原名蒋伟，字冰之，著名作家、社会活动家。湖南临澧人，出生于封建没落家庭，毕业于上海大学中国文学系。丁玲从五四时期开始发表文章。1936年11月，丁玲到达陕北保安，是第一个到延安的文人。她的代表作品有《梦珂》《莎菲女士的日记》《在黑暗中》《太阳照在桑干河上》等。

选自丁玲的长篇小说《太阳照在桑干河上》第三十七节的《果树园》，入选中小学语文教材。

丁玲常德故居

—— 湖湘有女耀高丘

　　常德市临澧县佘市桥镇黑胡子冲（现蒋家村），是著名作家、社会活动家丁玲的出生地。丁玲出生于1904年10月12日，原名蒋伟，字冰之。其父蒋保黔是晚清秀才，曾在日本留学；母亲余曼贞出身书香人家。蒋家家大业大，是当地的豪族，然而蒋保黔"不通庶务，不事生产"。丁玲说，"我的祖父做过很大的官"，积聚了很多家财，"可是我的父亲在玩乐有趣之下，把家产都败光了"。

故居地点：湖南省常德市临澧县佘市桥镇蒋家村
主要居住时间：1904年—1909年

昨天文小姐
今日武将军
毛泽东

1908年，蒋保黔撒手人寰，给余曼贞留下了年幼的儿女和巨额的债务。第二年，余曼贞无奈之下，带着女儿和遗腹子回了娘家。从此，丁玲离开了她仅仅生活了五年的故居。

余曼贞十分要强，三十二岁时，进入常德女子师范速成班学习，不久与同学向警予等结为"七姐妹"，经常在一起讨论妇女解放问题。1911年，余曼贞与向警予一道进入湖南省立女子第一师范学堂（今湖南一师）学习，1913年到桃源县教书。可以说，丁玲能有后来波澜壮阔的革命生涯与文学成就，与母亲的影响密切相关。

丁玲七岁时，母亲将她送去常德女子师范幼稚班接受教育，继而就读于湖南桃源第二女子师范学校预科、岳云中学。1922年，十八岁的丁玲毅然离开家乡，远赴上海，寻找革命道路，寻找人生真谛。

丁玲家的老宅始建于清道光初年（约1821年），坐北朝南，依山而建，"文革"期间几次受到损毁，最后只剩下一堵残墙。2016年重建，现有房屋七栋，建筑面积860平方米。里面按丁玲人生历程分为五个展区，图文并茂地展现了丁玲人生的多彩、磊落与传奇。

丁玲上海故居

—— 昆山花园路7号

1922年，十八岁的丁玲毅然离开家乡，来到上海。她在上海入读了上海大学中国文学系，并开始文学创作，发表了处女作《梦珂》，完成了代表作《莎菲女士的日记》，并出版了第一本短篇小说集《在黑暗中》。此后，她笔耕不辍，文学成就斐然。

1933年早春二月，丁玲迁入昆山花园路7号。它的一墙之隔就是商务印书馆虹口分店。虹口被誉为"海派文化发祥地、先进文化策源地、

故居地点：上海市虹口区昆山花园路7号
主要居住时间：1933年2月—1933年5月

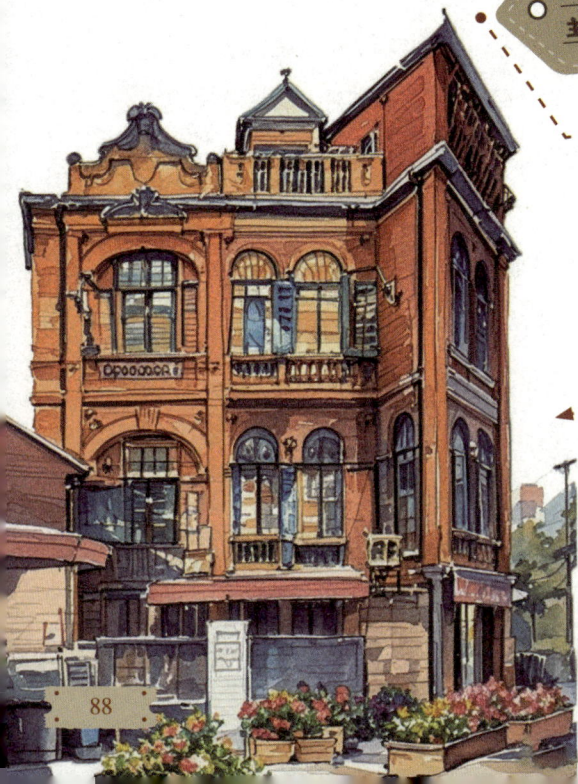

文化名人集聚地"。丁玲搬到此处，也是因为这里文化氛围浓厚，聚集了不少同道中人。

在四楼的一间不到30平方米的房间里，丁玲创作了短篇小说《奔》、散文《我的创作生活》，同时参与左联的工作。左联是中国共产党于1930年在上海领导创建的一个文学组织。丁玲负责左翼文学活动的组织和出版工作，主编左联机关刊物《北斗》（1931年9月至1932年7月），出任左联的党团书记（1932年底至1933年5月）。丁玲曾在一段自述中写道："当我们参加左联的时候，我们不是没有意识到革命者会有牺牲的一天。但我们想，既然参加革命就不能顾自己个人的生死安危，就应该有向警予、李大钊那样视死如归的精神。"

1933年5月，国民党特务在这里逮捕了丁玲，一时轰动文坛。上海文化界发起了一场影响极大的营救活动，蔡元培、杨杏佛、胡愈之、叶圣陶、郁达夫、沈从文等38位文化名人联名致电南京政府，要求释放丁玲。人们一度以为丁玲已经被害，鲁迅先生悲愤地写诗悼念："如磐夜气压重楼，剪柳春风道九秋。瑶瑟凝尘清怨绝，可怜无女耀高丘。"在被关押期间，面对威胁、利诱、欺骗，丁玲始终拒绝给敌人做事、写文章或抛头露面。她甚至通过自杀以死抗争，最终还是顽强地活了下来。

1936年9月，丁玲在党组织的营救下，逃离南京，取道上海、西安，奔赴陕北，成为第一位进入陕北红区的女作家，受到毛泽东、周恩来等人的接见。一代伟人毛泽东在《临江仙·赠丁玲》里曾用"昨天文小姐，今日武将军"来盛赞她。

几十年间，斗转星移。上海丁玲故居与其他许多名人故居一样，早已入住了寻常人家。

丁玲北京故居

—— 大翔凤胡同3号院

　　1975 年，结束了 20 余年流放监禁生活的丁玲从北大荒回到北京，搬进位于后海大翔凤胡同的 3 号院。大翔凤胡同紧挨着过去的恭王府，是依靠王府的北墙形成的胡同，两排平房各踞南北，西面是一栋两层小楼，环境静谧优雅。

故居地点：北京市西城区后海大翔凤胡同3号院
主要居住时间：1975 年——1986 年

民族文学

此时的丁玲已是七十多岁的古稀老人，劫后余生，她如是说："我正是这样的，如秋白所说，'飞蛾扑火，非死不止'。我还要以我的余生振翅翱翔，继续在火中追求真理，为讴歌真理之火而死。"她笔耕不辍，不断有文章见诸报刊。小说《杜晚香》发表于《人民文学》1979 年第 7 期。《"牛棚"小品》发表于《十月》杂志 1979 年第 3 期，并于 1982 年荣获《十月》散文奖。

晚年的丁玲不顾体弱多病，写出了 100 万字的作品，其中值得一提的是《魍魉世界》和《风雪人间》两部未完成的回忆录。《魍魉世界》回忆的是 1933 年 5 月至 1936 年 7 月被国民党绑架后三年多的囚禁生活。这部回忆录于 1983 年 6 月动笔，后因她要筹办大型文学月刊《中国》，写到她离开南京为止，未能继续写下去。她的丈夫陈明从她的其他文章中摘下有关部分，补上《在西安》和《到陕北》两节。《风雪人间》记述的是丁玲被错划为"右派"后自 1958 年至 1970 年在北大荒农场十二年的生活和遭遇。这两部书都没能写完，丁玲就与世长辞了。1986 年 3 月 4 日，丁玲因病在北京家中逝世，享年八十二岁。

丁玲在晚年写的《我的生平与创作》中说："我感到寂寞、苦闷，我要倾诉，我要呐喊，我没有别的办法，我拿起了笔，抒写我对旧中国封建社会的愤懑与反抗。因此，我很自然地追随我的前辈如鲁迅、瞿秋白、茅盾等人，和他们一样，不是为了描花绣朵，精心细刻，为了艺术而艺术。或者只是为了自己的爱好才从事文学事业的。不是的。"

如今，后海大翔凤胡同 3 号院是《民族文学》杂志社所在地。

他们的家，去拜访，

巴金 >>>

1904—2005

　　巴金，原名李尧棠，字芾甘，四川成都人，中国当代作家，曾任中国作协主席。他1927年赴法国留学，第二年写出其第一部长篇小说《灭亡》。代表作有长篇小说《激流三部曲》(《家》《春》《秋》)，散文集《随想录》(五卷)等。译著有高尔基《草原故事》、普希金《叛逆者之歌》、屠格涅夫《蒲林和巴布林》等。

　　他的作品《繁星》《索桥的故事》《鸟的天堂》《给家乡孩子的信》以及《海上日出》等，被选入中小学语文教材。

31

巴金上海故居

—— 中外文学交流的一间门厅

上海徐汇区武康路中段，坐落着一处具有百年历史的西式独立花园住宅，这是现代文学巨匠巴金的故居。

1923 年秋天，巴金从老家成都到上海求学，从此，上海的石库门、亭子间、小阁楼中便留下了巴金的无数足迹。1955 年，陈毅市长将武康路 113 号这处住宅特批给巴金，从此以后，这里便成了巴金后半生幸福、安稳的家。

故居地点：上海市徐汇区武康路 113 号
主要居住时间：1955 年—2005 年

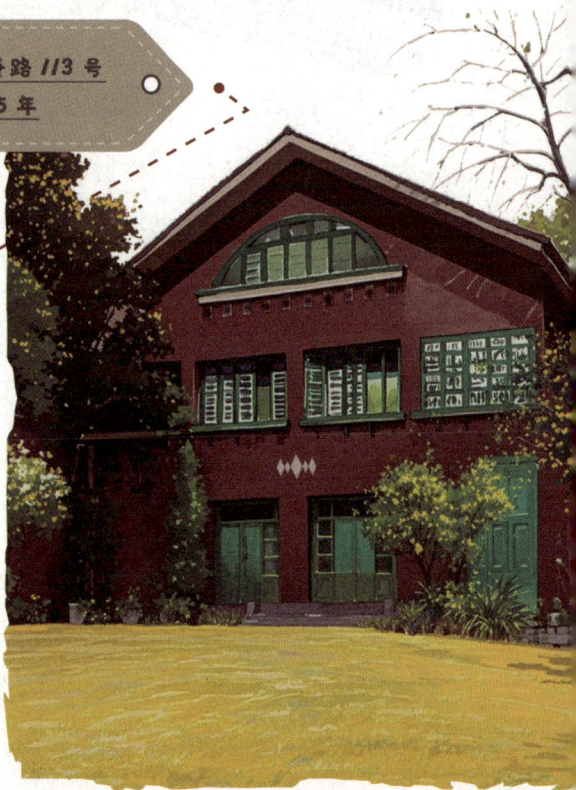

这幢住宅建于 1923 年，由一栋主楼、两栋辅楼及一座花园组成，总占地面积约 1400 平方米。这里最初的房主是位英国人，后来作为苏联驻华商务代表处使用。1955 年 9 月，巴金全家从淮海坊迁入此地。

搬进新家的巴金，对这所新房子十分满意，他曾经描述过在这个家里的生活："坐在床沿上，对着五岁的男孩儿讲故事，十岁的女儿弹好钢琴后上楼来，亲热地喊妈妈，然后我走到隔壁书房里，在书桌前坐下，拿起笔……我觉得全身充满幸福的感觉。"

故居的一楼是厨房、餐厅和宽大的客厅，二楼是卧室和书房。或许巴金从未想到要做藏书家，但到过巴金故居的人无不惊叹：这里简直是书的世界。无论是主楼、辅楼还是汽车间里，凡是有空间的地方都被书所占据。据粗略统计，巴金寓所中原有书橱书架八十多个，故居的存书加上巴金捐赠给各图书馆的书，藏书总量达六七万册。二楼的过厅左侧书柜里，主要存放的是外文书和工具书，包括农学、医学、植物学和专业的测绘词典等。巴金精通英语、俄语，并能阅读日文、德文、朝鲜文、西班牙文、法文等多种文字。

房子原本的车库被巴金改成了书房，罗列着密密麻麻的图书。巴金曾在日记中提到自己搬书的经历："十点到汽车间（车库）搬书，昨夜在那里发现了白蚂蚁，必须把一个靠墙放的装满俄文小说的大木箱彻底检查一下。"

在这个家里，巴金创作了《团圆》（后改编为电影《英雄儿女》）等抗美援朝题材的小说及多本散文集，与靳以共同创办了文

学月刊《收获》，出版了《往事与随想》等译作。巴金晚年时不幸在家中跌倒骨折，家人便把主楼南面底层的敞廊处装上了门窗，供他使用。巴金很喜欢这处阳光充足的地方，把它称作"太阳间"。他常在这里写作、会客、休憩。《随想录》的后两卷便是在这里完成的。

半个多世纪以来，小院不仅见证了这位文学巨匠后半生的生命历程，还"目睹"了中国文学的风风雨雨。巴金作为新中国文学史上的重要人物，他在武康路上的这处居所，曾出入过众多中外作家及各界名人，见证了半个世纪以来中国文学不同时期的历程。

当年，巴金一家刚搬到这处新居，就接待了首批访客——法国作家萨特和波伏娃。老舍、曹禺、沈从文、辛笛、赵家璧、师陀、刘白羽、孔罗荪、黄裳等友人，都在此留下过足迹，同住在徐汇区的柯灵、张乐平等更是这里的常客。

巴金曾在《真话集》的后记中提及："我家里有一块草地，上面常有落叶，有时刮起大风，广玉兰的大片落叶仿佛要'飞满天'。"虽然故人已逝，但巴金当年亲手栽下的花木依然繁茂，仿佛在诉说着这位文学巨匠的传奇人生。

丰子恺 >>>

1898—1975

　　丰子恺，浙江桐乡人，文学家、现代画家、美术和音乐教育家、翻译家。早年曾师从李叔同学习绘画与音乐。五四运动后，他开始漫画创作。1921年，他前往日本学习。回国后他先后在上海、浙江、重庆等地从事音乐和美术教学工作。其画风朴实，别具风格，影响深远。他的绘画作品包括《子恺漫画》《子恺画集》《护生画集》等。20世纪20年代他开始散文创作，长达50余年，散文集有《缘缘堂随笔》《随笔二十篇》《车厢社会》《缘缘堂再笔》《率真集》等；艺术评论集有《西洋美术史》《西洋画派十二讲》等；翻译作品有《源氏物语》《猎人笔记》等。

　　他的作品《白鹅》《手指》被选入中小学语文教材。

32

丰子恺桐乡故居

一 缘缘堂

　　丰子恺的老家在浙江桐乡。据《浙江乡试录》记载，丰子恺的祖上"世居石门县玉溪镇木场桥河西"，家中世代书香，从丰子恺上溯到第八代的祖先丰尔成，做过官，第七代以下，到其祖父丰肇庆，代代都是太学生。家里的祖屋叫惇德堂，丰子恺在这里度过了童年和少年时代。

　　1921 年，丰子恺要去日本求学，然而家无余财。母亲钟云芳狠心卖掉了一处老屋，给他凑足了费用。卖掉老屋后，钟云芳却念念不忘，几年后，她在老屋背后购买了一块宅基地，带着丰子恺过去丈量，盘算着造一座新屋。

　　丰子恺始终惦记着母亲的心事，直到 1932 年，他终于攒够了钱，亲自设计绘图，建造了一栋坐北朝南、三开间、两层楼的宅院。第二年春竣工，耗资 6000 银元，总算完成了母亲的遗愿。他写下"欣及旧栖"四个字，雕嵌在前院朝东大门背后的门楣上，以示"旧屋"回归的欣喜之情。

　　新居之所以取"缘缘堂"为名，还有段小故事。丰子恺在浙江省立第一师范学校(今杭州师范大学前身)读书时，李叔同是其音乐、图画老师。后来李叔同出家，法号弘一法师。1927 年初秋，弘一法师云游经过上海，住在丰子恺家里，丰子恺请老师为自己的寓所取个名字。法师便让他把喜欢的字写在小纸片上，团成纸球撒在释迦牟尼像前，再随便取两个出来。结果，两次抓阄，都是一个"缘"字。他当即请老师写了一幅"缘缘堂"横额，装裱后挂在墙上。桐乡的新屋建成后，丰子恺依旧用了这个名字。

故居地点：浙江省桐乡市石门镇西市街大井弄1号
主要居住时间：1932年—1937年

他特意请马一浮先生题写了大幅"缘缘堂"，挂在屋内正中。

丰子恺一家在这个乱世中的桃花源度过了五年难得的静谧时光，他十分喜爱这幢亲自设计的宅院，把它视作理想的休憩和创作之所。这一时期其出版的散文集、漫画集、艺术理论及相关教材有数十种之多。其中包括《子恺小品集》（1933年）、《随笔二十篇》（1934年）、《艺术趣味》（1934年）、《绘画与文学》（1934年）、《近代艺术纲要》（1934年）、《车厢社会》（1935年）、《丰子恺创作选》（1936年）、《艺术漫谈》（1936年）、《缘缘堂再笔》（1937年）。

1938年1月，缘缘堂被侵华日军焚毁。同年2月，流亡在江西萍乡的丰子恺得悉消息后异常愤怒，写下了《还我缘缘堂》《告缘缘堂在天之灵》《辞缘缘堂》三文，痛诉日军的暴行。他在《辞缘缘堂》中表达了自己对抗暴敌的想法："我虽老弱，还可凭五寸不烂之笔来对抗暴敌，我绝不为房屋被焚而伤心，不但如此，房屋被焚了，在我反而轻快，此犹破釜沉舟，断绝后路，才能一心向前，勇猛精进。如今故园已成焦土，漂泊将及两年……然而环境虽变，我的赤子之心并不失却；炮火虽烈，我的匹夫之志绝不被夺，它们因了环境的压迫，受了炮火的洗礼，反而更加坚强了。"

1984年，丰子恺生前挚友广洽法师捐资，桐乡县在原址按原貌重建缘缘堂，前后布局、内外结构、室内陈设，悉依当年样式。老友题写"丰子恺故居"匾额，仿制了当年"欣及旧栖"四字，复制了马一浮的"缘缘堂"三字，陈列着丰子恺在各个时期的著作、译作、手稿、照片、信札、印章等数百件遗物。

缘缘堂，风雨百年，欣及旧栖。

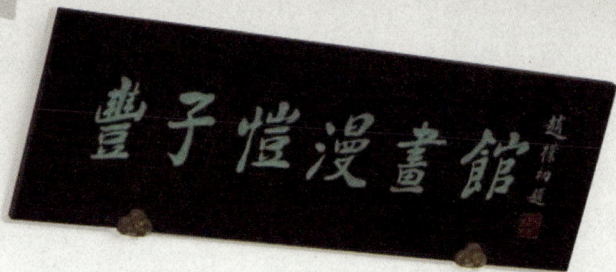

33

丰子恺上海故居

—— 日月楼中日月长

"日月楼中日月长"是丰子恺撰写的诗句，"日月楼"是他给自己在上海的寓所取的名字。他在这里度过了晚年。

20世纪50年代初，丰子恺购入了如今的上海陕西南路39弄93号。这处建筑建于20世纪20年代，是西式风格的新式里弄住宅。当时，这里还叫凡尔登花园，后来改名为长乐邨。1954年秋，丰子恺和家人迁入这座二层小楼。二楼的小阳台有一扇三面窗，且开有一扇明亮的天窗，日可见晨晖，夜可望月，因此取名"日月楼"。

"日月楼中日月长"，丰子恺在这里居住的二十一年里，并没有闲居养老，而是做了大量的写作、翻译、绘画工作。1961年，丰子恺接到人民文学出版社的约稿，翻译日本文学巨著《源氏物语》。他非常开心，他在《我译〈源氏物语〉》一文中回忆道，自己青年时代，在东京的图书馆看到《源氏物语》，便爱不释手，希望能把它译成中文。然而当时由于种种原因，他并没有条件从事这项庞大的工作。"岂知过了四十年，这梦想竟变成了事实。这是多么可喜可庆的事！"丰子恺耗时四年，全力投入《源氏物语》的翻译工作，最终于1965年11月完成。遗憾的是，他生前未能见到这部书的问世。由于处于特殊历史时期，他的译稿只能在出版社保存着，直到20世纪80年代初才陆续出版。

此外，他还翻译了日本物语文学《竹取物语》《伊氏物语》和《落洼物语》，以及日本作家德富芦花的《不如归》，同样的，有生之年他没能看到这几部译文著作出版。幸好现在这几个译本都已面世，给广大读者留下了宝贵的文化财富。

在做这些翻译工作时，他或许自己也不知道译文何时能与读者见面，但他并不因此而放弃。1972年，他在写给孩子的信中写道："我最近早上翻译日本古典物语，很有兴味。因此幽居小楼，不觉沉闷。"

那段时间里，丰子恺还完成了一件大事——恩师弘一法师的遗愿《护生画集》。他们曾商定，由擅长绘画的丰子恺作画，由精通佛法的弘一法师撰文，共同编写《护生画集》。后来，弘一法师写信给弟子，希望"能再续出四编，共为六编，流通世间，其功德利益至为普遍广大也"。丰子恺随即回信："世寿所许，定当遵嘱。"

从1929年弘一法师五十岁时起，他们每十年作一集，各为50幅、60幅、70幅、80幅、90幅和100幅，与弘一法师年龄同长。1973年，丰子恺开始创作《护生画集》第六集。在十年浩劫期间，他怕自己时日无多，来不及完成与恩师的约定，不顾体弱多病，蜗居在六平方米的阳台上，每天凌晨四点起床作画，以避开特殊年代里的特殊纠察。最终，他提前完稿，完成了师徒二人跨越了半个世纪的约定，并辗转托弘一法师的弟子、挚友广洽法师带去新加坡。从1927年至1973年，创作时间长达四十六年。待1979年《护生画集》全六集出版之时，师徒二人皆已离世。

丰子恺晚年画了一幅漫画《卖花人去路还香》，恰是对他文化贡献的写照。作为我国新文化运动的启蒙者之一，一生出版的著作达180多部，尽管斯人已逝，但他留给后人的文化遗产，将一路"飘香"。

故居地点：上海市卢湾区陕西南路39弄93号
主要居住时间：1954年—1975年

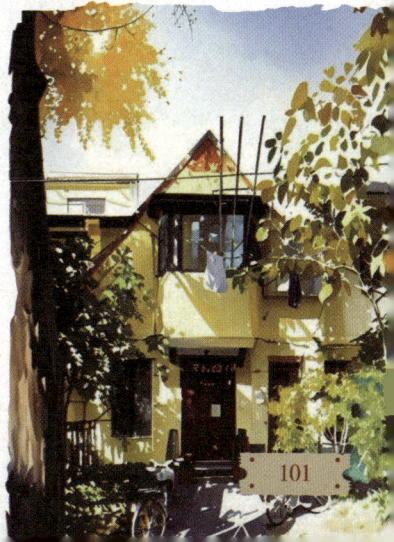

冰心 >>>

1900—1999

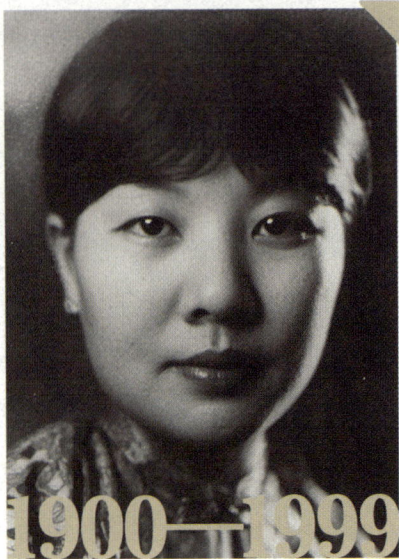

　　冰心，原名谢婉莹，福建省福州市长乐区人，中国近现代诗人、作家、翻译家、社会活动家。她毕业于燕京大学及美国韦尔斯利学院，五四运动时参加学生运动，开始文学创作。主要作品有诗集《繁星》《春水》，散文、小说集《寄小读者》《南归》《往事》《小桔灯》，及翻译作品《印度童话集》《印度民间故事》《泰戈尔剧作集》等。

　　她的《短诗三首——繁星》《荷叶·母亲》《小橘灯》《观舞记》《谈生命》《雨后》《只拣儿童多处行》《一只小鸟》《忆读书》等多篇作品入选中小学语文教材。

34

冰心烟台故居

—— 童年的家

"一提起烟台，我的回忆和感想就从四方八面涌来……"冰心在烟台度过的八年童年时光，深深地烙印在冰心的内心深处，成为她魂牵梦萦的精神故乡。

1900 年，冰心生于福州。她的父亲谢葆璋是一位具有爱国思想的北洋水师军官。1903 年，谢葆璋被派到烟台创办海军学堂，并出任校长。就这样，冰心跟随父亲来到烟台。

到达烟台后，谢家人先后在会英街的海军采办厅、海军医院、海军练营、海军学堂等地方居住过，巧的是，每一处住所都邻近大海。海军采办厅是冰心住的第一个地方，她在文章中这样描述："我记得这客厅有一副长联'此地有崇山峻岭茂林修竹，是能读三坟五典八索九丘'。这是我开始识字的一个课本。""不久，我们又搬到烟台东山北坡上的一所海军医院去寄居。从廊上东望就看见了大海。""不久，我们翻过山坡，搬到东山边的海军练营旁边新盖好的房子里……是离海最近的一段。"

在烟台的海边，冰心度过了幸福而多彩的童年，这段经历成为她文学创作的源泉。烟台的海与山陶冶了她的性情，开阔了她的心胸，造就了她纯真、刚毅、勇敢、正直的性格，给了冰心最初的文学启蒙，也培养了她的家国情怀。

她在《童年杂记》中，记录了一段与父亲的对话。父亲告诉她："中国北方海岸好看的港湾多的是，何止一个烟台，比如威海卫、大连湾、青岛，都是很好很美的。你知道，那些港口都不是我们中国人的，威海卫是英国人的，大连是日本人的，青岛是德国人的，只有，只有烟台是我们的，我们中国人自己的一个不冻港。"父亲的话激起了她的爱国情怀。

1911年武昌起义后，烟台海军学堂学生写血书表示支援，并走上街头高喊口号。然而，有人向清廷告密，谢葆璋愤而辞职。随后，冰心全家离开烟台，迁回福州，她的童年也随之结束。

对于童年住过的地方，冰心始终念念不忘，她的女儿吴青曾经对烟台客人说："妈妈太爱烟台了，甚至胜过爱她的故乡。妈妈说大海在她的思想中占有很重要的位置。正是在烟台，妈妈认识了大海，认识了大自然。我曾经问过妈妈，问她为什么喜欢海，妈妈说大海使人心胸开阔，包容一切，大海给予别人的都是爱。"

2008年，位于烟台山的东海关税务司官邸旧址被改建为冰心纪念馆。官邸旧址建丁1863年，建筑面积514平方米。纪念馆陈展分5个部分、9个展室，展示了冰心与烟台相关的珍贵的历史照片、文物、书籍期刊等，从不同侧面再现了冰心与烟台的历史渊源。

故居地点：山东省烟台市芝罘区历新路7号
主要居住时间：1903年——1911年

35

冰心北京故居

—— 灵魂深处永久的家

冰心在福州住了没多久，1913 年，她的父亲谢葆璋接到时任海军部部长黄钟瑛的电报，召他到北京担任海军部军学司长。就这样，一家人从福州迁居北京，住进了铁狮子胡同中剪子巷 14 号（后为张自忠路中剪子巷 33 号）的小院里。

对于去北京，冰心并不向往，甚至带着一点点抵触。她在《我到了北京》一文中回忆道："我从海阔天空的烟台，山清水秀的福州，到了我从小从舅舅那里听到的腐朽破烂的清政府所在地——北京，我是没有企望和兴奋的心情的。"她对北京的感情，是随着居住的年月而增加的。"我们在这院子里住了十六年！这里面堆积了许多我对于我们家和北京的最初的回忆。"

他们住的小院，是典型的北京中等人家的住宅。冰心的父亲在小院里砌上花台，搭起一个葡萄架子，大门口外种了些野茉莉、蜀葵，立起一个秋千架。周围的孩子常来看花、打秋千，他们把这大院称作"谢家大院"。"谢家大院"是周围的孩子们聚集的地方，放风筝的、抖空竹的、

故居地点：北京市东城区张自忠路中剪子巷 33 号院
主要居住时间：1913 年—1923 年

跳绳的、踢毽子的、练自行车的……热闹得很。

在北京的日子里，冰心不能再当父亲的小跟班儿，"自然而然地成了母亲的女儿"，替母亲梳头，分担一些家务。她领三个弟弟做游戏，给他们当小先生。她也常阅读母亲订阅的各种杂志，如商务印书馆的《妇女杂志》《小说月报》《东方杂志》等。

冰心在这个院子里度过了中学和大学时代，并以"冰心"为笔名开始了文学创作。关于冰心的笔名，她在《〈冰心全集〉自序》中写道："用冰心为笔名。一来是因为冰心两字，笔画简单好写，而且是'莹'字的含义。二来是我太胆小，怕人家笑话批评；冰心这两个字，是新的，人家看到的时候，不会想到这两字和谢婉莹有什么关系。"她的早期作品都是在这里完成的，其中包括《斯人独憔悴》《超人》《春水》《繁星》，这些作品奠定了她在新文学史上的重要地位，使她成为五四时期最有名的女作家之一。

1923 年，冰心从燕京大学毕业，前往美国留学，从此离开了中剪子巷。1926 年，她获得文学硕士学位回到北京。后来，她"用了 100 元的《春水》稿费，把我们在北京住了十几年的家，从中剪子巷搬到前圆恩寺一所坐北朝南的大房子里。这房子的门牌我忘记了……"

十六年的光阴，使这里最终成为冰心在她九十岁时，梦里寻回的那个牵不断、割不断的朝思暮想的"家"！九十二岁那年，冰心写下散文《我的家在哪里》。她在文中动情地写道："只有住着我的父母和弟弟们的中剪子巷才是我灵魂深处永久的家。连北京的前圆恩寺，在梦中我也没有去找过，更不用说美国的娜安辟迦楼，北京的燕南园，云南的默庐，四川的潜庐，日本东京麻布区，以及伦敦、巴黎、柏林、开罗、莫斯科一切我住过的地方，偶然也会在我梦中出现，但都不是我的'家'！"

36

冰心昆明故居

一 默庐

"北望是凤岭松恋，前望是海潮夕照，南望是渔浦星灯。"昆明呈贡斗南村的默庐，曾是冰心梦系魂牵的地方。抗战时期，冰心和丈夫吴文藻随西南联大辗转南迁至昆明。由于日军的狂轰滥炸，他们多次搬家。1938年，在呈贡中学校长昌景光的协调下，冰心一家搬进了华氏墓庐，这是他们在昆明最后的落脚点。

华氏墓庐原是呈贡斗南村华氏家族于民国初年修建的，是守坟和追祭先辈时的歇息地。这是三间六耳民居建筑，坐西向东，占地面积313.9平方米。冰心很喜欢这里，取"墓"的谐音"默"，称这处寓所为"默庐"。

故居地点：云南省昆明市呈贡区三台路38号
主要居住时间：1938年—1940年

她在 1940 年发表于香港《大公报》上的文章《默庐试笔》中，深情地评述道："回溯生平郊外的住宅，无论是长居短居，恐怕是默庐最惬心意。论山之青翠，湖之涟漪，风物之醇永亲切，没有一处赶得上默庐。我已经说过，这里整个是一首华兹华斯的诗！"

不仅冰心喜欢默庐，很多同在昆明的文化名人也喜欢。西南联大梅贻琦、罗常培、郑天翔、杨振声及居住在呈贡的费孝通、陈达、戴世光、沈从文等文化名人常常来默庐畅谈国事和理想。冰心写道："大半是些穷教授，北平各大学来的，见过世面，穷而不酸。……他们也谈穷，谈轰炸，谈的却很幽默，而不悲惨。他们会给防空壕门口贴上'见机而作，入土为安'的春联。……他们是抗战建国期中最结实、最沉默、最中坚的分子。"

冰心初到呈贡，时任呈贡县立中学校长的昌景光即登门拜访，诚邀她到学校担任语文及写作课教师。冰心没有嫌弃这所刚刚成立的乡村中学条件简陋，欣然前往义务执教。她任教时为学校题写下校训——"谨信弘毅"，还为学校创作了《呈贡县立中学校歌》："西山苍苍滇海长，绿原上面是家乡，师生济济聚一堂，切磋弦诵乐未央。谨信弘毅，校训莫忘，来日正多艰，任重道又远。努力奋发自强，为国造福，为人民增光。"

1940年，冰心受宋美龄之邀，前往重庆参加妇女指导委员会的工作。年底，一家人离开了昆明。在这里居住生活的短暂岁月，令冰心在以后的岁月中常常怀念。1982年，八十二岁高龄的冰心发表了《忆昆明——寄春城的小读者》，文中写道："对这座四季如春的城市，我的回忆永远是绚烂芬芳的！这里：天是蔚蓝的，山是碧青的，湖是湛绿的，花是绯红的。空气里永远充满着活跃的青春气息。"

如今，"冰心默庐"这座经历了百年风雨的小院，就像冰心当年招待朋友那般，热情而静默地迎接着八方来客。

吴文藻

>>>

1901—1985

吴文藻，出生于江苏省江阴县夏港镇，民进会员，社会学家、人类学家、民族学家、教育家，生前是中央民族学院教授。吴文藻主要从事中国社会学、人类学和民族学等本土化、中国化的研究与实践。

37

吴文藻江阴故居

—— 吴文藻 冰心纪念馆

在冰心的几处故居中，江苏省无锡市江阴市的吴文藻 冰心纪念馆是她的"婆家故居"，也就是她的先生吴文藻的故居。

江阴市夏港街道沿河东路东侧的居民区，有一幢三间砖木结构的正屋，始建于清光绪二十七年（1901 年），为硬山式砖木结构，原有三进、两侧厢、一天井。吴文藻在此度过了童年、少年时代。

故居地点：江苏省无锡市江阴市沿河东路 23 号
主要居住时间：小住

1923 年，冰心与吴文藻在赴美留学的邮船上相识，继而相爱。1929年 6 月 15 日，二十九岁的冰心与学成归国的吴文藻在燕京大学临湖轩举行婚礼。婚后的暑假，小夫妻回到吴文藻的故乡江阴省亲，住在吴家的老宅里。

两位杰出的文化名人，在近一个世纪的漫长岁月里，携手扶持，互慰互勉。无论是明净的岁月，抑或荆棘遍地，彼此守望着忠贞的爱情。

吴文藻 冰心纪念馆占地总面积 1500 平方米，其中故居 290 平方米。馆里栽种了当年他们喜欢的翠竹。馆内展陈分为吴门之后、海的女儿、五四洗礼、海外情侣、执教燕园、风雨萍踪、赤子情怀、双星闪耀等八个部分，展出了吴文藻和冰心夫妇生前不同时期的文字、图片、信件、物品等，展示了他们在不同时期的人生经历和重要贡献。

林觉民

>>>

1887—1911

　　林觉民，字意洞，号抖飞，又号天外生，福建闽县人，中国民主先驱，革命烈士。少年时期林觉民便接受了民主革命思想，推崇自由、平等学说。留学日本期间，他加入中国同盟会。1911 年春回国，同年 4 月 24 日他写下绝笔《与妻书》，后与族亲林尹民、林文，随黄兴、方声洞等革命党人参加广州起义，转战途中受伤力尽被俘，后从容就义，是称"黄花岗七十二烈士"之一。

　　他写给妻子的绝笔信《与妻书》被选入中小学语文教材。

38

林觉民福州故居

—— 一宅两名人

福州三坊七巷历史文化街区最北面的一条巷子里，静静地伫立着一座青瓦白墙的清代木构宅院，其大门上悬挂着两块牌匾，一块写着"林觉民故居"，一块写着"冰心故居"。一位革命志士，一位才女作家，他们分别与这座宅院有什么交集呢？

故居地点：福建省福州市鼓楼区杨桥东路17号

林觉民主要居住时间：1887年——1911年

冰心主要居住时间：1911年——1913年

窗外疏梅筛月影
依稀掩映
吾与汝并肩携手
低低切切
何事不语
何情不诉

这里原本是林觉民祖辈七房人家的聚居处。1887年，林觉民出生于此。十八岁时，他与妻子陈意映在这里完婚。婚后二人住在西南隅一厅一房。他在《与妻书》中深情地写道："回忆后街之屋，入门穿廊，过前厅又三四折，有小厅，厅旁一室，为吾与汝双栖之所，初婚三四个月，适冬之望日前后，窗外疏梅筛月影，依稀掩映，吾与汝并肩携手，低低切切，何事不语，何情不诉？"他们的婚姻虽然是传统婚姻，但两人伉俪情深，琴瑟和鸣，恩爱非常。

然而，为了"为天下人谋永福"，林觉民舍下娇妻幼子，毅然走上革命的道路。广州起义前三天，林觉民与战友在香港滨江楼同宿。待战友们入睡后，他想到自己的弱妻稚子，于是在一块白方巾上写下最后的家书《禀父书》和《与妻书》。《禀父书》写得很简单："不孝儿觉民叩禀：父亲大人，儿死矣，惟累大人吃苦，弟妹缺衣食耳。然大有补于全国同胞也。大罪乞恕之。"另一封诀别书，写给妻子陈意映。"吾充吾爱汝之心，助天下人爱其所爱，所以敢先汝而死，不顾汝也。汝体吾此心，于啼泣之余，亦以天下人为念，当亦乐牺牲吾身与汝身之福利，为天下人谋永福也。汝其勿悲！"次日，他拿着书信嘱托友人："我死，幸为转达。"林觉民舍妻弃子的悲痛，至今读来仍让人潸然泪下，然而他为了天下大义，依旧慷慨赴死。

1911 年 4 月 27 日，广州起义失败，林觉民被俘。1911 年 5 月 3 日，林觉民在广州天字码头被清政府枪杀，年仅二十四岁。林觉民牺牲的消息传至福州，林觉民的父亲林孝颖担心连累家人，于是举家迁居避难。这座房产便转让给冰心的祖父谢銮恩。

冰心年少时曾在此短居过一段时间。1911 年冬天，她从山东烟台回到福州，住进了这所院子。她在《我的故乡》中提及了这段岁月："这所房子很大，住着我们大家庭的四房人。祖父和我们这一房，就住在大厅堂的两边，我们这边的前后房，住着我们一家六口，祖父的前后房，只有他一个人和满屋满架的书，那里成了我的乐园，我一得空就钻进去翻书看。"她还津津有味地细数看了什么书，给她留下了什么印象："给我的印象最深的是清袁枚的笔记小说《子不语》，还有我祖父的老友林纾老先生翻译的线装的法国名著《茶花女遗事》。这是我以后竭力搜求'林译小说'的开始，也可以说是我追求阅读西方文学作品的开始。"

1912 年，冰心考入福州女子师范学校预科，成为谢家第一个正式进学堂读书的女孩子，从此开始过起住校生活。

如今，这座出了两位名人的古宅经过几次修缮，已开放给游人参观。在庭院一侧墙角，有一块巨石，上面刻着几行文字，概括了两位名人的生平。

在同一片屋檐下，先后走出两位大写的人。
一位为砸烂旧世界而英勇赴死，
一位为建造大爱屋而毕生从文。
一位秉血荐轩辕的男儿志，投绝笔为檄，
一位为照亮人类的生命路，举《橘灯》为炬。
前者觉民为牺牲而永生，时年廿四岁，
后者冰心为有爱心而长寿，享年一百岁。

夏丏尊

>>>

1886—1946

夏丏尊，名铸，字勉旃，后改为丏尊，文学家、语文学家、出版家、翻译家，浙江上虞人。中国新文学运动的先驱，暨南大学中文系首任主任，曾创办《中学生》杂志。1933 年他和叶圣陶共同写成语言知识的读写故事《文心》，被誉为"在国文教学上划了一个时代"。其作品包括《文心》《白马湖之冬》《文艺论 ABC》《平屋杂记》《现代世界文学大纲》，译著《爱的教育》。小说《猫》入选中小学语文教材。

39

夏丏尊绍兴故居

一 平屋

"湖在山的趾边，山在湖的唇边；他俩这样亲密，湖将山全吞下去了。吞的是青的，吐的是绿的……"一百年前，著名散文家朱自清在《春晖的一月》中这样描写白马湖。

白马湖位于绍兴市上虞区驿亭镇。朱自清在散文《白马湖》中写道："是个极小极小的乡下地方。在北方说起这个名字，管保一百个人一百个人不知道。但那却是一个不坏的地方。"它不光是个不坏的地方，细说起来，还是个极好的地方，这要从一百年前的白马湖文化圈说起来。

故居地点：浙江省绍兴市上虞区驿亭镇春晖大道 88 号
主要居住时间：1922 年—1925 年

夏丏尊故居

1920年初，著名教育家经亨颐先生在上虞创办春晖中学，在他的邀请下，同为上虞人的夏丏尊来此任教。他看到四周青山如黛，景色秀美，不亚于杭州西湖，更有志同道合的一帮朋友共事，不禁产生了一辈子在这里生活、教书的想法。

　　他决定就地造屋安家，并亲自选址、设计。院落整体结构是江南农家小院的风格，室内则采用了日本民居小而紧凑的布局。半年后，新居落成。他将这间新屋取名为"平屋"。"平屋"虽小，但在他心中却有举足轻重的地位。他说："高山不如平地大。平的东西都有大的涵义。人生不单因了少数的英雄圣贤而表现，实因了芸芸平凡的民众而表现的。啊，平凡的伟大啊。"这就是他为"平屋"取名的诠释。

　　夏丏尊白天教书育人，晚上便坐在"小后轩"中，翻译《爱的教育》一书。他根据日译本转译意大利作家亚米契斯的小说，全书约二十万字。由于小说的情节真切感人，夏丏尊常常被感动得双眼湿润。1925年，《爱的教育》开始在《东方杂志》上连载，好评如潮。此后的二十多年里，该书再版三十余次，成为当时最畅销、最具影响力的书籍之一。

　　随着春晖中学规模的扩大，校方开始广纳贤才。夏丏尊写信给朱自清，动员他来春晖中学执教。1924年，朱自清从福州来到白马湖畔。两家隔着一堵短墙，毗邻而居。朱自清也非常喜欢这里，留下了《白马湖》和《春晖的一月》两篇名篇。

　　花香引得蜜蜂来，1923年，丰子恺应聘任春晖中学音乐、美术、英语教员，并入住白马湖边"小杨柳屋"。他在《小杨柳屋》一文中记录了小杨柳屋的来历："昔年我住在白马湖上，看见人们在湖边种柳，我向他们讨了一小株，种在寓屋的墙角里。因此给这屋取名为小杨柳屋，因此常取见惯的杨柳为画材，因此就有人说我喜欢杨柳，因此我自己似觉与杨柳有缘。"他在春晖中学任教期间发表多篇文章，开始漫画创作，并逐步形成自己的风格。《人散后，一钩新月天如水》是丰子恺在春晖如诗如画的岁月中留下的作品，这是丰子恺公开发表的第一幅作品，也是中国漫画的开端。

"晚晴山房"是弘一法师（李叔同）的旧居，是夏丏尊和经亨颐、丰子恺、刘质平等筹资为他建的禅房。1932年前，他曾数次来这里居住，并亲笔题写了"晚晴山房"。"长亭外，古道边，芳草碧连天……"这首由弘一法师作词的歌曲早已成为春晖中学的毕业歌，同学们借此表达对学校的惜别之情和对未来的期许。

据春晖中学校史记载，从1921年到1925年，先后在这里任教的有：夏丏尊、朱自清、丰子恺、朱光潜、匡互生、王任叔（巴人）、杨贤江、刘董宇……而到过春晖中学居住、讲学的有：蔡元培、李叔同、何香凝、黄炎培、柳亚子、张闻天、俞平伯、吴觉农、蒋梦麟、于右任、吴稚晖……众多文化名人的聚合，形成了白马湖文化圈。

有一群志同道合的朋友在一起，加上"平屋"主人夏丏尊的热情好客，朋友们不禁产生"如归"之感，朱自清不止一次地说"我爱春晖"。"屋里有名人字画，有古瓷，有铜佛，院子里满种着花。屋子里的陈设又常常变换，给人新鲜的受用。他有这样好的屋子，又极为好客，我们便不时地上他家里喝酒。丏翁夫人的烹调也极好，每回总是满满的盘碗拿出来，空空的收回去。"

1925年，因为同校方在教育管理上意见不合，夏丏尊、丰子恺、朱光潜等先后愤然辞职，白马湖文化圈一朝风流云散。1946年4月23日，夏丏尊因肺病加剧，不幸与世长辞。家人遵照他的嘱托，于11月移灵白马湖。文学家、教育家夏丏尊在白马湖的春晖中学实践了他的教育理想，最终魂归白马湖。

竺可桢

>>>

1890—1974

竺可桢，字藕舫，浙江省绍兴县东关镇人，中国共产党党员，中央研究院院士、中国科学院院士，中国近代气象学家、地理学家、教育家，中国近代地理学和气象学的奠基者，浙江大学前校长。竺可桢是中国物候学的创始人，他对中国气候的形成、特点、区划及变迁等，以及地理学和自然科学史都有深刻的研究。

竺可桢的作品《大自然的语言》入选中小学语文教材。

竺可桢绍兴故居

—— 竺可桢纪念馆

　　竺可桢，1890 年 3 月 7 日出生在绍兴市上虞区的东关镇西大木桥头一户小米商家庭。据竺家家谱记载，竺可桢的母亲顾金娘在生他前几天曾经梦见了一头大熊，算命先生称这是"梦熊来兆"，是个极好的胎梦。因此，家人就给他取名竺兆熊。

　　这个孩子从小就表现出与众不同的地方，他说话早、识字早、写字也早。五岁那年，竺兆熊进入私塾读书。私塾先生认为他聪明伶俐，就给他取了个学名——竺可桢，寓意他将来一定会成为国家的栋梁之材。六岁

故居地点：浙江省绍兴市柯桥区柯岩大道 558 号
主要居住时间：1890-1905

时，他凭借过人的天赋，把同龄的小伙伴远远抛在了后面，上学不到两年的时间，就熟读了《三字经》《百家姓》《千字文》，学堂里夫子教的东西已经不能满足他的求知欲，于是他便四处跟同学和乡邻借书看。

竺可桢的父亲竺嘉祥跟妻子商量后，决定不惜代价培养儿子。他把家里仅有的两间房空出一间作书房，用米行收入的三分之一聘请了大名鼎鼎的私塾先生章景臣来家执教。章先生是竺可桢的伯乐，他教导了竺可桢一段时间后，对他的父母说："我曾教过千余名学童，像可桢这样绝顶聪明的童子实在是凤毛麟角。"

1899年，九岁的竺可桢考入倡导"中学为体，西学为用"的毓菁小学堂。小学毕业那年，由于生计艰难，家里没有钱再供他读书。章先生看好自己的徒弟一定能成为栋梁之材，便出钱资助他继续读书。1905年秋，十五岁的竺可桢孤身一人来到上海，考入了澄衷学堂，十八岁转入复旦公学，十九岁考入唐山路矿学堂（今西南交通大学），二十岁被选入美国伊利诺伊大学农学院深造。毕业后，他于1913年夏转入哈佛大学研究院地理系专攻气象学，并于1918年获博士学位。

在复旦公学和唐山路矿学堂读书期间，竺可桢多次写下同样的誓言："吾将一生学好科学，吾要以科学来唤醒民族，振兴中华……"学成归国后，竺可桢学以致用，最终成为我国近代气象事业的主要奠基人。

竺可桢幼时住过的竺家台门于1989年10月修复，并设立为竺可桢生平事迹陈列室。该陈列室分"童年时光""外出求学""教坛耕耘"和"继往开来"四个篇章，图文并茂地展示着竺可桢的成长生活、求学工作和学术成就等。展品中陈列着竺可桢的书籍、论文、日记及使用过的科学仪器等，生动地再现了竺可桢辉煌的一生。

41

竺可桢建德旧居

—— 浙大西迁第一站

1936年，在战火纷飞的年代里，竺可桢临危受命，出任浙江大学（以下简称浙大）校长，从此与浙大结下了不解的缘分。1937年抗日战争全面爆发，浙江大学的师生们在校长竺可桢的带领下，怀着"教育救国，科学兴邦"的理想，踏上了漫漫西迁之路。

梅城是浙大西迁的首站。自1937年11月11日起，浙大的二、三、四年级师生从杭州城外江干码头分三批乘船出发，于15日全部抵达建德。尽管条件艰苦，师生们分散在不同角落坚持教学活动，18日即开始上课。

浙大教员孙汭（ruì）捐出自家房屋给竺可桢校长居住，并供浙大师生教学之用。这所宅院位于建德市梅城镇府前路153号，建于清末民初，东侧是南北两间一层的教室，东入口门厅为民国时期修建，是西洋样式

旧居地点：浙江省杭州市建德市梅城镇府前街153号
主要居住时间：1937年11月-1937年12月

的青砖砌筑建筑；西侧为当时竺可桢及家人居住的二层木结构小楼，是浙大西迁历史的重要见证。

当时，建德并不安全，日军的飞机如影随形，轰炸一波接着一波。竺可桢一向有记日记的习惯，他这一时期的日记里频繁出现"有警报""已有警报""又有警报""又发警报数次"等字眼儿。如此危难之时，难免人心浮动。此时竺可桢犹如浙大的定海神针，他多次召集学生谈话，叮嘱学生"安心读书"，让大家多次思考两个问题："第一，到浙大来做什么？第二，将来毕业后做什么样的人？"

在灰烬中保留火种，让文脉不致断绝。为了找到一个安全的教学之所，竺可桢殚精竭虑。1937年12月6日，竺可桢在日记中写道："自至杭长浙大以来，余两鬓几全白，颓然老翁矣。"此时的他不过中年，任浙大校长仅一年半。

为了学校搬迁，竺可桢费尽了心机。搬迁的线路、交通工具的筹借、师生的安全、课程的安排等，他都得考虑。由于日寇的逼近，自12月24日起，竺可桢带领浙大师生陆续撤离建德，迁往江西吉安。

浙大的师生们经过四次艰难的搬迁，历时三年，第一批浙大师生于1940年5月抵达湄潭。至1940年年底，浙江大学共有学生1305人，其中在遵义的680人，在湄潭的183人，永兴有新生422人。由于浙大西迁的路线与红军长征前半段路线基本吻合，而落脚点又都是对中国革命具有转折意义的遵义，因此人们称之为"文军的长征"。

2018年6月，梅城镇启动浙大西迁建德办学旧址修缮工程，该旧址总占地面积1221平方米，展厅面积699平方米。竺可桢校长当年借住的小楼被题上"竺可桢旧居"的字样，小院里摆放着浙大师生的铜像。这里展示了浙大西迁时期，在艰苦的岁月里，师生们怀揣"教育救国，科学兴邦"的理想，在漫漫西迁路程的第一站建德梅城生活和与敌人抗争的故事。

艾青 >>>

1910—1996

　　艾青，原名蒋正涵，字养源，号海澄，浙江金华人，现代文学家、诗人、画家。他1928年中学毕业后考入国立杭州西湖艺术院，1932年在上海加入中国左翼美术家联盟，从事革命文艺活动，1933年1月创作长诗《大堰河——我的保姆》，1935年出版第一本诗集《大堰河》。他曾任中国作家协会副主席、国际笔会中心副会长等职。1985年他获法国文学艺术最高勋章。艾青被认为是中国现代诗的代表诗人之一。他的代表作《我爱这土地》和《大堰河——我的保姆》都曾选入中小学语文教材。

42

艾青金华故居

一 双尖山下的摇篮

浙江省金华市傅村镇畈田蒋村是诗人艾青的故乡。畈田蒋村位于双尖山脚下，艾青的故居位于村庄中部，是一座典型徽派建筑风格的江南四合院民居。原故居始建于光绪年间，焚毁于日军侵华期间，抗战胜利后得以修复。

故居地点：浙江省金华市金东区傅村镇畈田蒋村
主要居住时间：1910 年—1928 年

1910年3月27日，艾青出生于这所宅院的西厢房。他的出生是被嫌弃的。当时母亲难产，算命先生就说他"克父克母"，因此他一出生就被家人厌弃，被寄养到一户农家，就是他在诗中写的大堰河的家里。

艾青缺失的爱，在他的保姆大堰河那里得到了补偿。"大堰河，深爱着她的乳儿／在年节里，为了他，忙着切那冬米的糖／为了他，常悄悄地走到村边的她的家里去／为了他，走到她的身边叫一声'妈'……"

艾青直到五岁时才被领回家，却依然受到严重的歧视，他不能叫父母为"爸爸妈妈"，而要叫"叔叔婶婶"。因此，在艾青的情感世界里，对大堰河的爱远远超过了对父母的爱。因此他"长大一点后，总想早点离开家庭"。

1928年，十八岁的艾青中学毕业，他离开了故乡，前往国立杭州西湖艺术院学习绘画。家乡最让他怀念的，是他的保姆大堰河。1933年1月，他在狱中满怀深情地写下了《大堰河——我的保姆》。后来艾青在1953年和1973年两次回乡，都特意前去祭扫大堰河的墓。

从艾青故居二楼上的一扇窗户望出去，可以看见在诗人笔下多次提及的双尖山。村边的双尖山，寄托了艾青的乡愁。他曾挥笔写就："亲爱的双尖山，你是我的摇篮——早晨，你看着我起身，晚上，你看着我睡眠……我一定再回来，看看我的双尖山，看看我的家乡。"

吴伯箫

1906—1982

>>>

吴伯箫，原名吴熙成，山东莱芜人，散文家、教育家。他1925年考入北京师范大学，其间开始文学创作。1935年回山东任教，后与老舍、王统照、洪深、臧克家、王亚平等创办《避暑录话》。他曾任全国中学语文教学研究会会长、《写作》主编、中国写作研究会会长等职。他的作品以散文为主，其多篇文章被收入中小学语文教材。代表作品有《羽书》《难老泉》《菜园小记》《记一辆纺车》《我还没有见过长城》等。

43

吴伯箫济南故居

—— 吴花园

当代著名散文家、教育家吴伯箫是我们语文课文的常客,他的散文《南泥湾》《灯笼》《记一辆纺车》《早》《菜园小记》《我没见过长城》《窑洞风景》《猎户》《马》《山屋》《羽书》《记乱离》《沁州行》《一坛血》《记列宁博物馆》等多篇文章,先后被收入中小学语文教材,深受师生们的喜爱。

吴伯箫是山东莱芜人,在莱芜区凤城街道吴花园社区的西南角,有一个四合小院,便是他的故居。这座宅院最早由他的祖父吴汉祥所建,有东屋两间、西屋两间、南屋三间(其中西头一间为吴伯箫卧室)、北屋五间。当时,除南屋为瓦房外,其余均为土墙。

故居地点:山东省济南市莱芜区文化南路166号
主要居住时间:1906年——1919年

吴家是一个半耕半读的大家庭，父亲吴世圣当过小学老师与县督学，对儿子管教严格。吴伯箫小时候在邻村和县城上小学，聪明好学，成绩优异。他并非书呆子，家里的农活他都会干。他在《自传》一文中写到了自己在老家时的生活："小时候家庭是富农。初小在本村，高小在县城，星期、假日都参加农业生产劳动：割麦，秋收，送饭，打场，放牛。"正因为有了这些经历，后来他在文章中写到农村生活生产时，都写得绘声绘色，活灵活现。

1919年，十三岁的吴伯箫考入曲阜师范学校，每年的寒暑假，他都会回到家乡，帮助家里干农活，参与族里的红事、白事。1935年10月，吴伯箫的母亲去世，他在莱芜住了一个月的时间。吴伯箫和母亲有着很深的感情，他在《灯笼》一文中曾深情地回忆了母亲的殷切嘱托："'路上黑，打了灯笼去吧'，自从远离乡井，为了生活在外面孤单的挣扎之后，像这样慈母口中吩咐的话也很久听不到了。每每想起小时候在村里上灯学，要挑了灯笼走去、挑了灯笼走回的事，便深深感到怅惘。母亲给留着的消夜食品便都是在亲手接过了灯笼去后递给自己的。为自己特别预备的那支小的纱灯，样子也还清清楚楚记在心里。虽然人已经是站在青春尾梢上的人，母亲的头发也全白了。"

类似的描写老家人和事的文章，吴伯箫写了很多，《小伙计》《菜园小记》《话故都》《庄农日用杂字》这些文章里都体现了他对故乡的深厚情感。

现在的吴伯箫故居，总占地面积1700平方米，园区共有四个展厅，除吴伯箫的旧宅外，还分别展示了吴伯箫的生平，以及众多学者对他的评价。其中，原为吴伯箫卧室的西南角一间改为了陈列室，陈列着他生前使用过的桌、椅、床等家具，再现了吴伯箫当年生活的场景。

郑振铎 >>>

1898—1958

郑振铎，笔名西谛、郭源新，生于浙江温州，原籍福建长乐。他是我国现代杰出的爱国主义者和社会活动家，同时又是著名作家、学者、文学评论家、文学史家、翻译家、艺术史家、训诂家，也是国内外闻名的收藏家。他曾任上海商务印书馆编辑、燕京大学教授、暨南大学文学院院长、中国科学院考古研究所所长、文化部副部长等。郑振铎对中国古典文学、民间文学、戏曲等史料的搜集整理和学术研究作出了开拓性贡献。其主要著作有《插图本中国文学史》《中国俗文学史》《俄国文学史略》等，诗歌《我是少年》，译著有泰戈尔的《飞鸟集》和《新月集》等。

他的散文《海燕》、小说《猫》、译著《花的学校》，被选入中小学语文教材。

44

郑振铎温州故居

—— 郑振铎纪念馆

学过《燕子》和《猫》这两篇课文的同学，一定对"郑振铎"这个名字不陌生。在这个中国近代史上响当当的名字前面，有一长串儿的修饰词：社会活动家、考古学家、作家、诗人、学者、文学评论家、文学史家、翻译家、艺术史家、收藏家、训诂家……他当真是一位不可多得的"全才大师"。

郑振铎是温州人，他说温州话、吃温州菜、喝瓯江水长大。温州的童年生活给了他最初的生活滋养，秀美的东瓯山水，赋予他杰出的才华、坚毅的性格。他小时候家住温州城区乘凉桥的"盐公堂"。"盐公堂"的院子很大，前面是主管盐务的衙署，后面是居家寓所。郑振铎的父亲

故居地点：浙江省温州市鹿城区沧河巷 24 号
主要居住时间：1898 年——1917 年

在扬州知府衙门任职。在他七岁那年，父亲因病去世，家里的生活逐渐陷入贫困，只能依靠亲友接济及母亲做零活度日。

即便如此，郑振铎的母亲也执意送儿子去读书。在他八九岁时，母亲将他送到一家私塾读"四书""五经"。十二三岁时，他进入永嘉第一高等小学（今广场路小学）读书。郑振铎极爱读书，幸运的是，他遇到了一位好老师——小学校长兼教师黄笏泉。黄老师虽是旧式科举出身，但很注意吸收新思想，用新的方法教学生读《左传》，还节衣缩食订阅了一份新式的教育杂志。

二十年后，已成为著名教授的郑振铎写了一篇《记黄笏泉先生》，深情地说："我永远不能忘记了黄笏泉先生。他是那样的和蔼，忠厚，热心，善诱。""我第一次有了一位不可怕而可爱的老师。这对于我爱读书的癖性的养成是很有关系的。""假如我对于文章有什么一得之见的话，笏泉先生便是我的真正的'启蒙先生'，真正的指导者。"

自永嘉第一高等小学毕业后，郑振铎于1911年考取温州中等农业学堂，后转入浙江省立第十中学（温州中学前身）；1917年考入北京铁路管理学校（今北京交通大学），从此离开故乡赴外求学，投入更广阔的天地中。

20世纪80年代末90年代初，温州准备公布一批文物保护单位，由于郑振铎曾经住过的老宅在旧城区改造时被拆除，最终选定了鹿城区沧河巷24号金宅作为郑振铎纪念馆。"书生报国一甲子""心怀温州桑梓情""一代才华万古传""鞠躬尽瘁为文物"，这四句话不仅代表着纪念馆的四大展陈部分，更是承载了郑振铎先生纯真高尚的一生、艰苦奋斗的一生和以书为友的一生。

45

郑振铎上海故居

—— 孤岛中的两间小屋

上海是郑振铎一生中居住时间最长的城市。他大学毕业后，就从北京来到上海，1949 年春才告别上海，除去中间几年短暂离开，他基本上都生活在这里。他在上海住过的几处地方，现在还保留着的只有高邮路 5 弄 25 号这所民居。

故居地点：上海市徐汇区高邮路 5 弄 25 号
主要居住时间：1943 年—1945 年

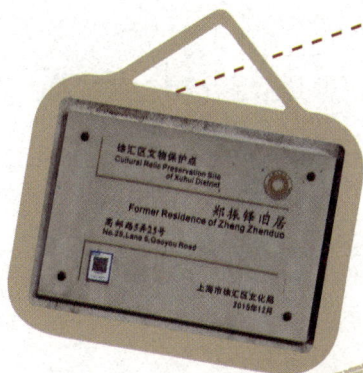

1943 年的一天，郑振铎兴高采烈地搬进了新家——上海市高邮路 5 弄 25 号一幢二层小楼上层的两间屋子。他在文章中记录了当时的情况："我刚刚从汶林路的一个朋友家里，迁居到现在住的地方时，觉得很高兴；因为有了两个房间，一作卧室，一作书室，显得宽敞得多了；二则，我的一部分的书籍，已经先行运到这里，可读可看的东西，顿时多了几十倍，有如贫儿暴富；……太阳光很早的便可以晒到。冬天不生火也不大嫌冷。我的书桌，放在南窗下面，总有整整的半天，是晒在太阳光下的。……我很满足，很高兴的住着。"

在这两间小屋里，郑振铎继续做着写作、编辑、出版的工作，与此同时，他还在努力做着一件了不起的工作。

1937 年抗日战争爆发后，日军入侵，上海沦为孤岛，很多人无奈避走西南。郑振铎本也可以走的，但他毅然选择困守上海，因为他要做一件很难但很重要的事——秘密为国家抢救文献。

江南自古便是书香之地，读书人多，藏书人也多。日军在我中华大地肆意烧杀抢掠，他们不只抢金银、抢古董，还抢我们的书！我们的古籍文献面临生死浩劫。当时很多房屋被焚毁，书籍也随之付之一炬。比如郑振铎寄藏在上海虹口开明书店内的一万多册书籍，就在 1937 年淞沪会战之中，被日军炮火"烧得片纸不存"。还有一部分古籍文献，被藏家拿到市场上变卖换钱，以维持生计。上海成为当时文献交易的主要市场，很多珍籍秘本悄悄浮出水面，且快速被买走。

当年在上海，主要有四种人在买书：一是日本人，或者说他们在抢书；二是一些有学问的汉奸；三是美国人，美国的国会图书馆在中国买了很多书，特别是一些地方志，以达到其政治、军事目的；另外就是一些书商趁机囤积居奇，发战争财。

上海的报纸对这种情况进行了报道："中国珍贵图书，现正源源流入美国，举凡稀世孤本，珍藏秘稿，文史遗著，品类毕备，国会图书馆暨全国各大学图书馆中，均有发现。凡此善本，输入美国者，月以千计，大都索价不昂——即以国会图书馆而论，所藏中国图书，已有二十万册。为数且与日俱增。"

面对这种情况，郑振铎非常忧虑，他多次痛心地说："史在他邦，文归海外，奇耻大辱，百世莫涤。"为了避免古籍流失到海外，他展开了行动。起初，他以个人名义进行收购，但他这个穷书生，财力实在有限。后来，郑振铎起草，张元济等人联名给在重庆的政府当局、教育部等处写信、发电报，要求拨款抢救文献。

经过郑振铎等人的努力，文献保存同志会先后收购了常熟瞿氏"铁琴铜剑楼"、江宁邓氏"群碧楼"、嘉兴沈氏"海日楼"、庐江刘氏"远碧楼"、顺德李氏"泰华楼"、顺德邓氏"风雨楼"、吴兴刘氏"嘉业堂"和张氏"适园"等著名私家藏书楼的大量典籍，使之尽归国有。

郑振铎后来在抗日战争上海"孤岛"时期的日记《求书日录》的前言中对自己的工作作了总结："假如有人问我：你这许多年躲避在上海究竟做了些什么事？我可以不含糊地回答他说：为了抢救并保存若干民族的文献工作，没有人来做，我只好来做，而且做来并不含糊。我尽了我的一分力，我也得到了这一分力的成果。在头四年里，以我的力量和热忱吸引住南北的书贾们，救全了北自山西、平津，南至广东，西至汉口的许多古书与文献。没有一部重要的东西会逃过我的注意。我所必须求得的，我都能得到。"正是靠着如此的责任感和自信心，郑振铎才能不顾个人安危，在艰难时世中为民族抢救和保存了大批古籍，堪称我国现代最大规模的一次图书搜藏之举。

朋友们都很关心郑振铎，但当时并不知道他在做这样一件危险而伟大的事。巴金在《怀念振铎》中写道："我当时并不理解他，直到后来我看见他保存下来的一本本珍贵图书，我听见关于他过着类似小商人生活，在最艰难、最黑暗的日子里，用种种办法保存善本图书的故事，我才了解他那番苦心。"

后来，叶圣陶在郑振铎《西谛书话》的序言中感慨地说："抗日战争时期，我去四川，他留在上海，八年间书信往来极少……当时在内地的许多朋友都为他的安全担心，甚至责怪他舍不得离开上海，哪知他在这个艰难的时期，站到自己认为应该站的岗位上，正在做这样一桩默默无闻而意义极其重大的工作。"

1958 年 10 月 17 日，郑振铎奉命率中国文化代表团出国访问，因空难而壮烈殉职。他为中国文化事业作出了巨大的、不可替代的贡献，正如他翻译的泰戈尔《飞鸟集》中的诗句所描写的那样：生如夏花之绚烂，死如秋叶之静美。

吴冠中

>>>

1919—2010

　　吴冠中，江苏宜兴人。当代著名画家、油画家、美术教育家。油画代表作品有《长江三峡》《北国风光》《小鸟天堂》《黄山松》《鲁迅的故乡》等。个人文集有《吴冠中谈艺集》《吴冠中散文选》《美丑缘》等十余种。

　　他的两篇散文《水草青青育童年》和《父爱之舟》被选入小学语文教材。

46

吴冠中宜兴故居

—— 父爱之舟的出发地

　　宜兴人杰地灵，文化底蕴深厚，可谓书画之乡，如从这里走出的徐悲鸿、尹瘦石、吴冠中都是享誉世界的画家。吴冠中的故居，位于宜兴市和桥镇北渠村。原建筑建于清代，面南，原有两进，现存第二进。院墙是一色的白墙黛瓦，绘着水墨画。为了更好地展示吴冠中的生平和作品，满足展览和参观的需要，当地在原建筑的西面和南面增建了生平陈列室、作品展示室和接待室三幢配套设施建筑。

故居地点：江苏省无锡市宜兴市和桥镇北渠村
主要居住时间：1919 年——1932 年

故居南面有一所中学，门前大路旁有一条曲曲弯弯的小河。吴冠中在《父爱之舟》里写过，父亲总是摇着船送他去上学。1932年，他考入省立第三师范学校（后为无锡师范学校），入学时他父亲亲自摇船送他到无锡。

　　在他的画笔下，垂柳笼罩着的渔村倒影，绿荫深处的片片白墙，都成了描绘不尽的美丽乡愁。杏花春雨，烟波缥缈，草长莺飞，小桥流水的江南景象，一直在吴冠中的记忆中闪现，即使他远离了故乡，远离了半个世纪之久，童年的情景却常常在夜晚入梦来。

吴冠中作品

顾颉刚

>>>

1893—1980

顾颉刚，江苏苏州人，著名历史学家，1920年毕业于北京大学文科中国哲学门。历任厦门大学、中山大学、燕京大学、北京大学、云南大学、齐鲁大学、中央大学、复旦大学、兰州大学教授及中山大学语言历史学研究所主任、北平研究院史学研究会主任、齐鲁大学国学研究所主任、中央研究院人文组院士、中国科学院（后改为中国社会科学院）历史研究所研究员。他在上古史、民俗学、历史地理学等领域取得了杰出的成就，生平著述宏富，出版有《古史辨》、《秦汉的方士与儒生》（原名《汉代学术史略》）、《三皇考》、《史林杂识》、《吴歌甲集》、《孟姜女故事研究集》、《妙峰山》、《中国历史地图集》等。

他的作品《怀疑与学问》入选中小学语文教材。

47

顾颉刚苏州故居

——宝树园

顾颉刚故居在苏州悬桥巷东头，那里曾经有过一座规模颇大、风景秀丽的园林——宝树园。宝树园曾经挂着一块匾——"江南第一人家"。那是乾隆皇帝当年下江南时题给顾家的。

宝树园始建于明朝末年，清朝初年顾颉刚的先祖顾其蕴买下这座宅院。顾家极重视文化，族人多以诗文才学著称，康熙下江南时赞誉顾族为"江南第一读书人家"。该家族在苏州先后修建七处花园：雅园、依园、秀野草堂、字圃草堂、宝树园、自耕园、浣雪山房。到了乾隆末年，

故居地点：江苏省苏州市姑苏区临顿路悬桥巷顾家花园4-1号
主要居住时间：1893年—1912年

顾颉刚与祖母合影

顾家因牵连受赈案，又因为太平天国运动等事件，到顾颉刚出生时，家里生计大不如前，只剩下宝树园一处宅院。在这里，一代知名学者顾颉刚度过了他的童年和青少年时期。

出身书香世家的顾颉刚还在牙牙学语的时候，就由祖父教着认字读书了。顾颉刚自小就是读书的种子，六七岁时已认识几千个字，能读些唱本小说和简明的古书。被老妈子抱上街时，两边的招牌他都能一一认出，令街上行人大为惊叹。

六岁时，顾颉刚进入悬桥巷张氏私塾，与叶圣陶同学。八岁时，他已经读完"四书"，跟着父亲学写作文。后来他又到孙宅私塾，跟顾介石先生学习《中庸》《论语》。1906年初，他考入长元吴公立高等小学堂，接受新式教育。后进入苏州公立第一中学堂（今苏州市第一中学）读书，在师友的影响下，他极爱古书，常到玄妙观旧书店翻阅。

顾家家学渊源，为他日后从事文史方面的工作指引了方向。顾颉刚说："我的祖父一生喜欢金石和小学，终日的工作只是钩模古铭、椎拓古器，或替人家书写篆录的屏联。我父和我叔则喜治文学和史学。所以我幼时看见的书籍、接近的作品，都是多方面的，使我在学问上也有多方面的认识。"（顾颉刚《我与古史辨》）

1970年留影，中为顾颉刚，右为叶圣陶

对他一生影响最深的人，是他的祖母张氏夫人。他在《玉渊潭忆往》中回忆："我的一生，发生关系最密切的是我的祖母。简直可以说，我之所以为我，是我的祖母手自塑铸的一具艺术品。"他的祖母在生活上极其溺爱他，但在学习方面却十分严格。一次天下大雨，顾颉刚想逃学，祖母却严厉地说："就是下铁，你也得去。"

由于没有什么玩伴，童年的顾颉刚把兴趣都转移到了书本上，从中寻找乐趣。祖母对此非常支持。《玉渊潭忆往》中写道："祖母虽极平凡，可是见识不凡，特别是对于小辈的教育，十分上心：她一切节省，只有对我要买书却极慷慨。因此，我在十一岁以后就天天出入书肆，一本一本地买了回来。积少成多，一年就可有五六百册。有时要买一部大书，须十余元或廿余元的，向她恳求，她每月只有从我父亲那里收到三十元钱，一切苏州开销包括在内，却肯付给我一笔书款。所以我从小怀着做一个藏书家的野心。当我十六七岁的时候，就买了几部丛书（《惜阴轩》《咫进斋》《滂熹斋》《功顺堂》……），这些书钱哪有一个不是我的祖母从千省万省中省出来的。自从她去世以后，我为了北京历史材料丰富，作终身居住之计，苏州的书全带了去。"

因为祖母的宽容、鼓励，顾颉刚得以获得海量的阅读机会，并且养成了藏书的习惯。十二岁那年，顾颉刚作了一篇题为《恨不能》的文章，其"恨不能读尽天下书"的志向，已显露出非凡的学术抱负。

1912 年，顾颉刚中学毕业，进入上海神州大学学习，因不满其生活和教学状况，退学回家。1913 年，他考入北京大学预科，从此开始了其疑古辨伪的学术生涯。

当年的宝树园早已在历史的进程中灰飞烟灭，荡然无存，在它的位置上，现在是一条僻静的小巷，叫作顾家花园。顾家花园 4-1 号是栋普通的苏州民宅，顾家的后人依然守在这里。

吕叔湘 >>>

1904—1998

　　吕叔湘，镇江丹阳人，当代著名语言学家、教育家。他 1926 年毕业于国立东南大学外国语文系，曾在丹阳中学、苏州中学等校任教。1936年公费留学英国，1938 年回国。他先后在云南大学、华西协和大学、金陵大学、中央大学、清华大学等校任教。在云南大学期间，他发表了第一篇有关汉语语法的文章，从此走上了语言研究之路。1952 年起他先后任中国科学院语言研究所研究员兼副所长、所长以及名誉所长。曾任《中国语文》杂志主编、《现代汉语词典》主编、中国语言学会会长、全国中学语文教学研究会会长。

　　他的说明文《人类的语言》被选入中小学语文教材。

48

吕叔湘丹阳故居

——三吕故居

同学们人手一本的《现代汉语词典》，关联着一个名字——吕叔湘。20世纪五六十年代，他曾主持编纂这部词典，对这项工作作出了很大贡献。

1904年12月24日，吕叔湘出生于江苏省丹阳县城新桥西街柴家弄的商人之家。吕叔湘从小就喜欢读书，他在私塾读完了《大学》《中庸》《论语》《孟子》等，成绩总是名列前茅。他在《读书忆旧》一文中，回忆起小时候看小说的事："我是从初小四年级开始看小说的，启蒙的是《镜花缘》。这个书的前半部对于十岁的孩子是有很大的吸引力的：君子国、大人国、无肠国、黑齿国、两面国、女儿国，没有哪个故事不新鲜。"读到高兴处，他还会高声朗读，把旁边做针线活的老太太也逗乐了。

故居地点：江苏省镇江市丹阳市云阳街道新桥西路56号
主要居住时间：1904年——1918年

　　1915 年 3 月，吕叔湘以优异的成绩考入丹阳县第一高等小学，开始跟同学们互通有无，交换看书。"四本头的三五天一部，大部头的十天半个月一部，三年里边看了不下百八十种，连名字都记不清了。大致有这么几类。一类是历史演义：《三国演义》《东周列国志》《说唐》《隋唐演义》《岳传》等。一类是武侠小说：《七侠五义》《七剑十三侠》《施公案》《彭公案》等。一类是神怪小说：《西游记》《封神榜》《济公传》（《济公传》兼有武侠小说性质）等。还有一类是才子佳人小说，包括弹词：《粉妆楼》《二度梅》《天雨花》《再生缘》等。"

　　吕叔湘在丹阳度过了欢愉而自由的学堂生活。1918 年高小毕业后，吕叔湘进入江苏省立第五中学，这是他第一次离开家乡，前往常州求学。

　　吕叔湘的故居位于丹阳市三吕故居中。"三吕"指的是丹阳的三位杰出人物：著名书画家、美术教育家吕凤子，著名佛学大师吕澂（chéng），还有一位就是著名语言学家、语文教育家、翻译家吕叔湘。三位吕姓大师是三兄弟，吕澂是吕凤子的亲弟，吕叔湘是吕凤子的堂弟。三家比邻而居，老宅始建于清光绪初年，总面积约 1145 平方米，原有 4 进 24 间，在民国二十六年（1937 年）时毁于日军炮火。抗战胜利后，吕凤子先生在废墟上重建新屋。2017 年，丹阳市政府对三吕故居进行修缮。故居总建筑面积 2171 平方米，位于丹阳市美术馆两侧，由两座民国院落组成，古色古香的青砖、灰瓦、窗棂、砖雕……处处透着浓郁的江南文化元素。

　　三吕故居，是文化丰碑，也是知识的殿堂。

何其芳

>>>

1912—1977

何其芳，原名何永芳，四川万县人，诗人、散文家、文学评论家，毕业于北京大学哲学系，"汉园三诗人"之一。他在大学期间所写的散文集《画梦录》获得了 1936 年《大公报》文艺奖金。其代表作有诗集《预言》，散文集《画梦录》《还乡杂记》。

他的诗歌《我为少男少女们歌唱》《秋天》《生活是多么宽广》入选中小学语文教材。

49

何其芳重庆故居

—— 寨子里的家

在重庆，距万州城二三十公里处的群山中有一座寨子，一道石梯连通着寨子与外面的世界。1912 年，尽管清王朝已经覆灭，但这一年出生的何其芳的家里，仍过着旧式的生活。他的父亲何伯菘固执地认为，改朝换代也是要读书考科举的。

六岁，何其芳被送进私塾，接受传统的旧式教育，读"之乎者也"，经史子集。他讨厌枯燥无聊的私塾生活，可也惧怕房梁上吊着的楠竹板子。何其芳兄妹想走出寨子看看外面的世界，可那包着厚铁皮的寨子大门旁的矮木凳上，终日坐着一位拖着长辫子的粗暴守门人。

故居地点：重庆市万州区甘宁镇新农村
主要居住时间：1912 年—1926 年

长期禁锢在狭小的寨子里，乏味的私塾，单调的课程，严酷的家教，使何其芳过早地丧失了童年的天真和欢乐。1940年5月8日，何其芳在延安对中国青年社的同志们回忆那段生活时说："我时常用寂寞这个字眼，我太熟悉它所代表的那种意味、那种境界和那些东西了，从我有记忆的时候到现在。我怀疑我幼时是一个哑子，我似乎从来就没有和谁谈过一次话，连童话里的孩子们的那种对动物、对草木的谈话都没有。"

　　即使是在这样严酷的环境中，何其芳依然寻找着他想要看的东西。他在家里的一口破旧的木箱里，找到了《昭明文选》《赋学正鹄》，他和妹妹互相打掩护，找来更多的书读。他特别喜欢《水浒》《西游记》《三国演义》《聊斋志异》。他说："教会我读书的……是那些绣像绘画的白话旧小说以至于文言的。"十四岁那年他又读完了《唐宋诗醇》，这是一部收录了李白、杜甫、白居易、韩愈、苏轼、陆游六位名家的诗歌选本。他最喜欢的是李白和杜甫，"真正从心里爱好他们，从他们感到了艺术的魅力，艺术的愉快"。何其芳对诗歌的热爱，正是从这个时候开始的。

　　1926年，十四岁的何其芳终于被允许告别私塾，离开寨子，去县里进入"白岩高小"接受新式小学教育。"终于带着一种模糊的希望、生怯的欢欣，走进了新奇的第一次的学校生活。"此时他惊异地发现，原来除私塾里的经史词章外，还有让人更加感到新奇而有趣的英语、算术、自然、音乐等现代教育课程。

　　一年后，他考入万县中学。县教育局出了道作文题目《我们为什么要读书》，何其芳尽情阐发了他当时心里所萌动的振兴中华的思想，一举拿下全县第一名，后来还被刊登在万县《民众教育月刊》上。他的国文老师非常欣赏这篇文章，对他悉心辅导，并将他的本名"何永芳"改成"何其芳"。不久后，"何其芳"这个名字在中国新诗诗坛熠熠生辉。

何其芳故居始建于清嘉庆年间，距今已有两百多年的历史。为了更好地纪念何其芳，2019 年当地政府对其进行修缮。故居建筑面积 3000 平方米，坐北朝南，砖木结构，硬山式青瓦屋面，富有历史气息和文化底蕴。故居分为正院、东院、西院，正院展区介绍了何其芳的生平事迹，东院还原了渝东民居院落的生活场景，西院被打造为传统文化研学教育场所。

我为少男少女们歌唱

我歌唱早晨，

我歌唱希望，

我歌唱那些属于未来的事物，

我歌唱正在生长的力量。

丁肇中

>>>

　　丁肇中，1936 年 1 月 27 日出生于美国，祖籍山东日照，美籍华裔物理学家，麻省理工学院教授。丁肇中早年在大陆上学，1948 年随父母去往台湾。1956 年，他进入密歇根大学学习，获得理学硕士和哲学博士学位。他曾任教于哥伦比亚大学、麻省理工学院。1976 年，他获得诺贝尔物理学奖。

　　他的作品《我一生中的重要抉择》《应有格物致知精神》入选中小学语文教材。

50

丁肇中日照故居

—— 丁氏祖居

　　1976 年，丁肇中因其在粒子物理学领域的杰出贡献被授予诺贝尔物理学奖，他选择使用中文发表获奖感言，却遭遇了美国代表的反对，他们以语言难以理解为由质疑。然而，丁肇中并未妥协，他强调语言是文化的载体，他的中文发言不仅代表个人，更是国家和民族的象征。在所有诺贝尔奖获得者中，丁肇中是第一位用中文发表演说的华裔科学家，因此受到全世界华人的敬重。丁肇中虽然身在美国，但心向中国，他的根在中国。

　　丁氏家族是日照涛雒（luò）名门望族之一。丁氏祖上近支，曾连出进士、举人。丁肇中的叔祖丁惟汾是同盟会成员之一；丁肇中的父亲丁观海早年毕业于交通大学；母亲王隽英是心理学教授；外祖父王以成是同盟会烈士。父亲丁观海临终前给儿子留下遗嘱："爱科学，爱祖国，双爱双荣！"丁肇中始终记着父亲的谆谆教海。

　　丁氏祖居位于日照市东港区涛雒镇，始建于清光绪二十四年（1898年），又名"五宅"，初建时由种德堂、慎德堂、观兰堂、古梅轩、同生堂五个庭院组成，为清代北方非常具有代表性的一组建筑群落，原占地面积 14000 多平方米，有各种功能房 140 多间。

　　1936 年 1 月 27 日，丁肇中出生于美国密歇根州安阿伯市。在这之前，他的父母丁观海、王隽英访问美国并在密歇根大学结婚。"我在第二次世界大战初期出生在一个由教授和革命志士组成的家庭里，我的父母希望我出生在中国，但在他们访问美国时，我提早出世，由于这个意外，我成为美国公民，这个突来的小插曲却也影响了我的一生。"

　　丁肇中出生后不久，母亲抱着他回到了中国，与先期回国的丈夫团聚。此时，日本侵略者已经入侵，一家人为了躲避战火，四处流离，居无定所，最后回到老家日照市。

　　回到老家，丁肇中受到了亲朋的热烈欢迎，尤其是祖母，更是打心底里疼爱这个躺在襁褓里漂洋过海回到祖屋来的小孙子。然而由于时局紧张和工作关系，丁观海夫妇在涛雒镇住了不足两个月，又带着幼小的婴儿，恋恋不舍地离开了故乡。

　　1985年，丁肇中回到阔别半个世纪的故乡寻根祭祖。丁肇中写道："欣见故乡进步，深觉快慰，感念各位辛劳，书此谨表敬意。"这次回故乡，开启了他此后数次访祖寻根、回馈故乡之旅。他一有机会就积极参与中国的科学建设工作，用自己的所学，为中国培养了一批批优秀的科技人才。

　　从2002年冬天开始，日照市和涛雒镇政府对丁肇中祖居进行了修葺

故居地点：山东省日照市东港区涛雒镇仿古街中段路南
主要居住时间：短居

和复建，按照相关历史资料和丁氏族人的回忆恢复建成往日的风貌，现在已经成为多所学校的爱国主义教育基地。

在日照，还有一个与丁肇中息息相关的科技馆——日照市科技馆。它位于日照著名风景名胜区万平口附近，是一座设计感十足的科技馆。丁肇中参与了勘察选址、规划设计、方案论证等工作。科技馆收藏并展示了丁肇中及相关科学家的科学文献和研究成果。丁肇中把全球唯一一个全尺寸的"黑洞上的磁谱仪"模型赠送给了科技馆，他所领导的"测量电子半径实验""发现J粒子实验"等著名实验的内容，大部分都按1：1尺寸复原，在展厅里进行展示。

这座独具特色的丁肇中科学馆正在尝试将弘扬科学家精神与搭建科普平台相结合，"让日照的年轻人了解科学是怎么回事，为什么要做科学，以及科学对以后社会发展的意义，慢慢把日照变成一个先进的科学城市。"